처음
세계사

처음 세계사

❸ 다양한 문화권의 형성과 발전

초판 1쇄 발행 2014년 11월 26일
초판 3쇄 발행 2021년 2월 19일

지은이 초등 역사 교사 모임
그린이 한동훈, 이희은
감수 서울대학교 뿌리 깊은 역사 나무

발행인 양원석 | **편집장** 전혜원 | **편집진행** 이상희
마케팅 윤우성, 박소정
펴낸곳 (주)알에이치코리아 | **주소** 08588 서울시 금천구 가산디지털2로 53, 20층(한라시그마밸리)
편집문의 02-6443-8921 | **도서문의** 02-6443-8800 | **팩스** 02-6443-8959
등록 2004년 1월 15일 제2-3726호

ISBN 978-89-255-5450-1 (64900)
ISBN 978-89-255-5280-4 (세트)

알에이치코리아 홈페이지와 블로그, SNS에서 자사 도서에 대한 더 많은 정보와 이벤트 혜택을 확인할 수 있으며,
전자책도 만나볼 수 있습니다.

홈페이지 http://rhk.co.kr | http://ebook.rhk.co.kr **페이스북** https://www.facebook.com/rhk.co.kr **블로그** http://randomhouse1.blog.me
유튜브 http://www.youtube.com/randomhousekorea **주니어RHK 포스트** https://post.naver.com/junior_rhk **인스타그램** @junior_rhk

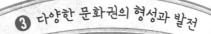

❸ 다양한 문화권의 형성과 발전

처음
세계사

초등 역사 교사 모임 글 | 한동훈 · 이희은 그림
서울대학교 뿌리 깊은 역사 나무 감수

주니어 RHK

타임머신을 타고 떠나는 세계사 여행

세계사 속에는 아주 많은 인물과 사건이 담겨 있습니다. 그래서 어린이가 너무 복잡하고, 어렵다고 생각하여 쉽게 포기해 버릴 수도 있지요. 하지만 세계사가 꼭 복잡하고, 어렵기만 한 것은 아닙니다.

넓은 땅을 정복한 알렉산드로스 대왕의 이야기, 초원의 황제 칭기즈 칸의 이야기는 한 편의 영화 같은 흥미진진한 모험담이기도 합니다. 그뿐인가요? 우리와 가까운 이웃 나라 일본과 중국의 이야기는 친숙하고 흥미롭습니다. 조금은 먼 나라여서 낯설기도 하지만, 그만큼 신비하고 새로운 페르시아와 아프리카의 이야기도 있지요. 세상 어디에 내놓아도 자랑스러운 한글을 만든 세종대왕, 목숨을 걸고 나라를 지킨 안중근 의사의 이야기는 애국심과 감동도 느끼게 합니다.

이 모든 사람과 나라가 어우러져 만들어 낸 이야기가 바로 세계사입니다. 〈처음 세계사〉는 이 이야기를 동화처럼, 옛날이야기처럼, 영화처럼 신 나고 흥미롭게 풀어서 보여 주지요. 세계사가 복잡하고, 어렵다는 생각을 잠시 내려놓고 책을 펼쳐 보세요. 세상 그 어떤 이야기보다 재미있는 이야기를 만나 볼 수 있을 거예요.

세계사는 다른 나라의 이야기가 아니라 곧 '우리'의 이야기입니다. 오늘날 우리는 하루 이틀이면 지구상의 어느 곳이든 갈 수 있는데다가, 우리가 살고 있는 지금 순간순간이 내일의 세계사가 될 테니까요.

역사는 흔히 미래를 내다보는 거울이라는 말이 있지요. 우리는 곧 더 넓은 세상으로 나가, 때로는 그들과 경쟁하며, 혹은 큰 목표를 함께 이루기도 할 것입니다. 그리고 우리가 알고 있는 역사가 교훈이 되고, 안내자가 되어 넓은 세상으로의 길을 함께해 줄 것입니다.

자, 이제 타임머신을 타고 세계사를 여행할 시간입니다. 〈처음 세계사〉를 통해 오늘날 우리의 모습과 내일을 찾아보세요!

초등 역사 교사 모임

처음 세계사

〈처음 세계사〉는 초등학교 선생님과 동화 작가 선생님이 어린이가 세계사와

친해질 수 있도록 쉽고 재미있게 풀어 쓴 세계사 이야기입니다.

재미와 정보를 주는 그림과 사진, 쏙 빠져드는 이야기로 실제 역사를 모험하듯

세계사의 전체적인 흐름을 자연스럽게 익힐 수 있습니다.

이 책의 구성과 활용

역사 속 인물이 직접 전해 주는
이야기를 통해 당시 시대적 특징을
재미있게 알아볼 수 있어요.

역사 속 사건과 유물, 인물 등을
그림과 사진으로 함께 구성하여
친절하게 설명했어요.

깊이 보는 역사 페이지를 통해
각 장의 내용을 한 번 더 정리하고,
본문에서 미처 다루지 못했던
흥미로운 이야기를 들려줍니다.

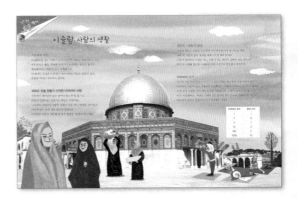

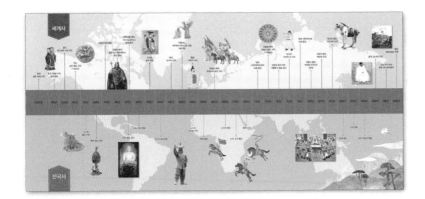

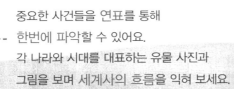

중요한 사건들을 연표를 통해
한번에 파악할 수 있어요.
각 나라와 시대를 대표하는 유물 사진과
그림을 보며 세계사의 흐름을 익혀 보세요.

차례

1장 중세 유럽의 탄생

6세기 유럽의 여러 왕국과 비잔티움 제국

● 6세기 초기 비잔티움 제국의 영역
○ 유스티니아누스 대제 때 비잔티움 제국의 최대 영역

파리
프랑크 왕국
랑고바르드 왕국
대서양
서고트 왕국
동고트 왕국
로마
흑해
카르타고
반달 왕국
비잔티움 제국
지중해

나는 꼬마 해적 오딘이야! 아빠를 따라 새로운 땅을 찾으러 가는 중이야. 우리 바이킹은 못 가는 곳이 없어. 우리에게는 거친 파도와 물결을 헤치고 어디로든 갈 수 있는 배가 있거든. 커다란 돛을 달고, 노래를 부르며 노를 저으면 못 갈 곳이 없지. 물론 우리 바이킹은 먹을 것을 구하기 위해 다른 나라를 침략하기도 했어. 하지만 우리는 미지의 땅을 찾아가는 모험을 더 즐긴단다. 새 땅에 나라를 세우기도 하지. 이번에는 북쪽으로 가고 있어. 어떤 세계가 우리를 기다리고 있을까?

프랑크 왕국의 탄생

 갈리아
- - - - - - - - - - - - - - - -
오늘날의 북부 이탈리아, 프랑스, 벨기에 주변 지역을 말하지.

프랑크 왕국의 왕 클로비스
프랑크 왕국의 첫 번째 왕으로 메로베우스 왕조를 세웠다.

– 프랑수아 루이 드쥔
〈클로비스, 프랑크 왕국의 왕〉

약해질 대로 약해져 있던 서로마 제국은 476년, 결국 게르만족에게 밀려 멸망하고 말았어요. 대신 그 땅에는 여러 게르만 민족 국가들이 세워졌어요(5~6세기경). 하지만 대부분의 국가들이 오래 버티지 못하고 멸망했지요. 적은 수의 무리가 급히 옮겨 온데다가 문화적으로 앞서 있는 로마 시민들을 오래 다스리기는 힘들었기 때문이에요.

하지만 갈리아 북쪽에 자리한 프랑크 왕국만은 달랐어요. 여러 부족장이 다스리며 흩어져 있던 프랑크족은 클로비스라는 부족장의 활약으로 하나로 합쳐져 왕국이 되었지요. 클로비스는 주변의 크고 작은 나라들을 합쳐서 왕국을 점점 더 키워 나갔어요. 그리고 크리스트교로 종교를 바꾸어 로마 사람들과 발 빠르게 어울렸지요. 그래서 클로비스는 유럽 곳곳에 있는 로마 귀족의 도움을 받을 수 있었어요. 덕분에 프랑크 왕국은 지금의 벨기에와 프랑스 중부 지방까지 차지할 정도로 크게 자라날 수 있었답니다.

하지만 클로비스가 죽은 뒤, 왕실은 교회에 땅을 바치고, 왕들이 일찍 죽으면서 힘이 점차 약해져 갔어요. 반면 프랑크 왕국이 동쪽으로 땅을 넓혀 나가면서 동쪽 지방 귀족의 힘은 점점 커졌지요. 결국 왕국을 움직이는 힘이 귀족의 지지를 받는 궁재 손에 넘어가고 말았어요.

그런데 프랑크 왕국은 오히려 궁재의 활약으로 더 크게 발전했어요. 732년, 이슬람군이 오늘날의 에스파냐와 프랑스 국경에 있는 피레네산맥을 넘어 프랑크 왕국으로 물밀듯이 쳐들어왔을 때였어요.

"당황하지 말고, 기다리라고 하세요. 적군이 깊숙하게 들어오면 그때 적군의 말들을 쓰러뜨립시다."

전투 중인 클로비스(좌)
클로비스는 오늘날 독일의 한 마을에서 496년 알라마니족과 싸워 이겼다. 이를 통해 라인 강변을 차지했다.

– 조셉 블랑 〈톨비악 전투〉

세례 받는 클로비스(우)
클로비스는 크리스트교를 받아들이고 496년 성탄절에 교황에게 세례를 받았다.

궁재
- - - - - - - - - - - - - - - - - - - -
왕을 돕고 모든 관리를 감독하던 궁궐 총책임자를 말해.

**이슬람군을 무찌른
카롤루스 마르텔**
프랑크 왕국의 궁재이다.
이슬람군을 막아 유럽의
크리스트교를 보호했다.

🐃 **기병**
- - - - - - - - - - - - - - - -
말을 타고 전투를 하는 군인
이야.

궁재 카롤루스 마르텔은 왕 대신 군사를 이끌고 나가 꼬박 하루 내내 전투를 벌였어요. 결국 궁재 마르텔은 이슬람군을 무찔렀고, 덕분에 프랑크 왕국은 위기에서 벗어날 수 있었지요. 이 일로 궁재의 힘은 더욱 커졌지만, 왕은 허수아비와 같은 처지가 되고 말았답니다.

그러자 어떤 백성들은 궁재 마르텔을 치켜세우기도 했어요.

"마르텔이야말로 진정한 우리의 왕입니다! 마르텔이 왕이 되어야 합니다."

하지만 마르텔은 사양했어요.

"아닙니다. 나는 궁재일 뿐입니다. 궁재로서 나라를 지키겠습니다."

그리고 외적의 침입에 맞서기 위해 애썼어요. 특히 기병 부대를 강하게 키웠어요. 이 때의 기병 부대는 훗날 중세 유럽의 여러 나라에서 기사가 되어 멋지게 활약했지요.

마르텔의 아들 피핀도 궁재가 되었어요. 피핀 역시 아버지만큼이나 용맹스러웠지요. 그 덕분에 피핀은 백성에게 인기가 많았어요.

"왕은 무능합니다. 궁재 피핀이 왕이 되어야 합니다."

백성의 인기에 힘입은 피핀은 이름뿐인 왕을 쫓아냈어요. 스스로 프랑크 왕국의 국왕이 되기로 결심한 것이지요. 마침 로마 교회도 카롤루스 가문을 교회의 보호자로 삼고 싶어 했어요.

피핀은 로마 교회의 지지를 받으며 국왕을 수도원에 가둔 뒤 751년에 왕위에 올랐어요. 클로비스로부터 시작된 메로베우스 왕조를 끝내고 카롤루스 왕조를 연 거예요.

그런데 그로부터 2년이 지난 어느 날, 로마 교황이 피핀에게 도움을 청해 왔어요. 로마 교회가 이탈리아

메로베우스 왕조
메로베우스 왕조의 이름은 클로비스의 할아버지 이름, '메로베우스'에서 따온 거야.

랑고바르드 왕국

게르만족 중 한 갈래인 랑
고바르드족이 북이탈리아의
롬바르디아 지방에 세운 왕
국이야.

비잔티움 제국

동로마 제국을 말해. 그 수도
인 콘스탄티노폴리스의 옛
이름인 비잔티움에서 따온
이름이야.

북쪽을 차지하고 세력을 넓히던 랑고바르드 왕국에게
위협을 받고 있었기 때문이에요.

"랑고바르드 왕국이 쳐들어오려 하고 있소. 부디 로
마 교회를 보호해 주시오."

사실 여기에는 조금 복잡한 사연이 있었어요. 이때까
지 로마 교황은 비잔티움 제국의 보호를 받으며, 한편
으로는 지나치게 간섭을 받고 있었어요. 로마 교황은
이런 비잔티움 제국의 간섭에서 벗어나고 싶었지요. 그
러자 이것을 알아챈 비잔티움 제국의 황제가 랑고바르
드 왕국과 손잡고 로마 교회를 위협한 거예요.

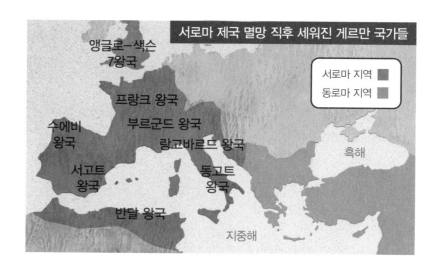

이때 피핀은 아버지로부터 물려받은 강한 기병 부대
를 이끌고 이탈리아 북쪽 지방으로 향했어요. 그리고
두 번에 걸쳐서 랑고바르드 왕국을 공격하여 이탈리아

의 중부와 북부를 차지했어요. 그런 다음 이 땅을 교황에게 바쳤지요.

그래서 이 지역은 오랜 후에도 교황이 다스리는 영역으로 남을 수 있었어요. 다만 나라와 교회의 힘이 세지거나 약해지는 데 따라 커지고 작아지기를 반복했어요. 교황이 다스리는 나라는 시간이 흘러 오늘날 바티칸 시국이 되었답니다.

이제 프랑크 왕국은 비잔티움 제국 대신 로마 교회의 지킴이가 되어 다른 나라보다 그 위상이 한층 높아졌어요.

교황이 다스리는 나라 바티칸 시국
바티칸 시국은 로마 시 안에 있는 작은 독립국이다. 그 안의 성 베드로 성당에서 바라본 바티칸 시국의 풍경이다.

프랑크 왕국의 분열

로마 교황은 프랑크 왕국의 피핀 덕분에 로마 교회를 지켜 낼 수 있었지만, 딱 한 가지가 아쉬웠어요. 로마 교황을 지켜 주는 사람이 황제가 아니었기 때문이에요. 로마 교황은 프랑크 왕국의 왕을 황제로 만들기로 했어요. 마침 피핀의 뒤를 이어 왕위에 오른 카롤루스는 그럴 만한 사람이었어요. 지혜와 용맹을 두루 갖추고 있었지요.

카롤루스는 우선 영토를 넓히기 위해 힘썼어요. 랑고바르드 왕국을 완전히 정복하고, 멀리 유럽 동부 땅 일부까지 손에 넣었어요.

서로마의 황제가 된 카롤루스 대제

카롤루스 대제는 피핀의 아들로 프랑크 왕국의 국왕이 되었다. 이후 크리스트교 세계를 지키고 영토를 넓히는 데 힘썼다.

– 알브레히트 뒤러
〈카롤루스 대제〉

카롤루스는 땅을 정복할 때마다 그곳의 주민에게 말했어요.

"너희가 세례를 받고 크리스트교도가 되면 나의 백성으로 살게 해 주겠다!"

그리고 카롤루스는 성직자를 보내 이민족을 가르치고, 교회도 지어 주었어요.

프랑크 왕국은 이런 노력으로 옛 서로마 제국만큼 넓은 영토를 차지할 수 있었어요. 물론 나라도 더욱 튼튼해지고 강해졌지요. 이런 소식에 교황 레오 3세도 매우 기뻐했답니다.

카롤루스는 60세가 되던 해(800년), 로마의 성 베드로 성당에서 성탄절을 축하하는 예배를 드렸어요. 로마 교황은 제단 앞에서 기도를 드리고 있던 카롤루스에게 다가가 보석이 촘촘하게 박힌 왕관을 씌워 주었지요.

"그대가 우리 로마 백성을 지켜 줄 위대한 황제이십니다!"

이를 일컬어 크리스마스 대관(20쪽)이라 불러요.

하지만 비잔티움 제국의 황제는 이에 대해 불만이 많았어요.

"황제라는 이름은 오로지 나만이 가져야 해."

그래서 비잔티움 제국의 황제는 한동안 카롤루스 대

이민족
말과 풍습이 다른 민족을 말한단다.

레오 3세
카롤루스 대제 시대의 로마 교황이야.

제를 황제로 인정하지 않다가 812년이 되어서야 카롤루스 대제를 또 한 사람의 황제로 인정했답니다.

이후 로마 교황은 더 이상 비잔티움 제국의 간섭을 받지 않았어요. 그리고 프랑크 왕국의 보호를 받으며 다른 나라의 위협에서도 자유로울 수 있었어요.

**카롤루스 대제 대관식
(크리스마스 대관)**
카롤루스 대제는 크리스트교를 보호한 공로로 교황으로부터 서로마 황제의 왕관을 수여 받았다.

하지만 프랑크 왕국은 카롤루스 대제가 세상을 떠나면서부터 흔들리기 시작했어요. 신앙심이 깊었던 카롤루스 대제의 아들 루도비쿠스 1세가 죽자, 맏아들 로타리우스가 혼자 프랑크 왕국을 다스리려 했어요. 그러자 동생들이 반란을 일으켰지요. 로타리우스는 동생들에게 지고 말았고요.

로타리우스와 동생들은 땅을 나누어 갖기 위해 프랑스 파리 동쪽 도시 베르됭에서 조약을 맺었어요. 그래서 이를 베르됭 조약(843년)이라고 해요.

그리고 그 조약에 따라 프랑크 왕국을 셋으로 나누기로 결정했지요.

"맏아들인 나 로타리우스가 황제라고 불리며 중부의

조약

나라와 나라가 서로의 권리와 의무를 의논하여 결정하고 꼭 따르도록 하는 일을 말해.

20

프랑크와 북이탈리아를 갖겠다. 동생 루도비쿠스 2세는 동부 프랑크를, 막내 카롤루스 2세는 서부 프랑크를 갖도록 하자!"

그리고 시간이 흘러 로타리우스가 죽으면서 자신이 다스리던 지역을 세 개로 나누어 아들들에게 주었어요. 아들 중 동프랑크와 서프랑크 사이의 중프랑크를 다스리던 로타리우스 2세가 죽자 동프랑크와 서프랑크가 서로 그 지역을 갖겠다고 나섰어요.

이번에는 메르센에서 조약을 맺었지요. 도시 이름을 따라 메르센 조약(870년)이라고 해요. 그 조약에 따라 로타리우스 2세가 차지하고 있던 영토를 동프랑크와 서프랑크가 똑같이 나누어 가졌어요. 이것이 오늘날의 이탈리아, 독일, 프랑스의 기원이 되었답니다.

동프랑크

훗날 독일 왕국이 되었어. 독일 왕국은 신성 로마 제국이라고도 불렸어.

메르센 조약

870년, 동프랑크와 서프랑크가 영토를 나누기로 한 조약이야. 베르됭 조약과 함께 오늘날의 독일, 프랑스, 이탈리아의 경계를 만들었어.

로마를 이은 비잔티움 제국

서로마 제국은 멸망했지만 동로마 제국은 그리스와 그 동쪽을 차지하고 로마의 전통을 간직한 채 오랫동안 나라를 이어갔어요. 특히 비잔티움이라 불렸던 콘스탄티노폴리스는 330년 콘스탄티누스 대제가 수도로 정한 이후 동로마 제국의 수도로서 더욱 번성했어요. 경제적으로도 많이 성장했지요. 그래서 동로마 제국을 비잔티움 제국이라고도 불러요.

비잔티움 제국도 외적의 침입으로부터 자유롭지는 않았어요. 게르만족을 비롯해 슬라브족, 훈족과 싸워야 했어요. 뿐만 아니라 동쪽의 사산 왕조 페르시아와도 국경선에서 늘 맞섰지요.

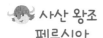 **슬라브족**

오늘날 러시아, 체코 등 동유럽과 북아시아 사람의 조상이야.

사산 왕조 페르시아

3세기 초에 일어났어. 메소포타미아에서 인더스강까지 세력을 뻗쳤지. 7세기 이슬람 세력의 침입을 받아 멸망했어.

유스티니아누스 대제와 수행자들
가운데 유스티니아누스 대제가 있고 대제의 왼쪽에는 주교 막시미아누스가 있다. 대제의 오른쪽에는 관리와 근위병이 있다.

비잔티움 제국을 가장 번성시킨 사람은 유스티니아누스 대제였어요.

유스티니아누스 대제는 황제 자리에 올랐을 때 큰 뜻을 품었어요.

'내가 옛 로마의 영광을 되살리리라!'

그러나 유스티니아누스 대제가 큰 꿈을 가지고 벌이는 일 때문에 시민들의 부담이 커졌어요. 그러자 불만을 품은 시민들이 반란을 일으켰어요. 이때, 수많은 관리가 죽고 마침내 반란군이 궁궐로 쳐들어왔지요. 너무나 깜짝 놀란 유스티니아누스 대제는 궁궐을 탈출할 계획을 세웠어요.

이때 황제의 아내 테오도라가 유스티니아누스 대제를 말렸어요. 테오도라의 설득에 용기를 얻은 유스티니

황후 테오도라와 수행자들
테오도라는 천민 출신이었다고 한다. 하지만 유스티니아누스 대제와 결혼한 후 비잔티움 제국을 다스리는 데 큰 영향을 끼쳤다.

벨리사리우스
유스티니아누스 대제 때
이름을 떨친 장군이다.

🐷 **반달족**
- - - - - - - - - - - - - - - -
게르만족의 한 갈래로 429년
카르타고를 중심으로 반달
왕국을 세웠어.

🐮 **동고트 왕국**
- - - - - - - - - - - - - - - -
493년에 테오도리크가 이탈
리아 반도에 세운 나라야.

아누스 대제는 급히 군사를 모아 반
란군과 싸웠어요. 그리고 가까스로
반란군을 물리쳤지요.

한숨을 돌린 유스티니아누스 대제
는 자신의 계획을 하나씩 실현시켜
나가기로 결심했어요. 그러기 위해서
는 먼저 게르만족에게 잃어버린 서로
마 제국의 땅을 되찾아야 했어요. 황
제는 가장 뛰어난 장군 벨리사리우스
에게 군대를 주어 반달족을 공격하게
했어요.

벨리사리우스는 북아프리카의 반달 왕국을 점령하고
(533~534년), 시칠리아까지 손에 넣었어요. 이때 로마
사람들은 벨리사리우스를 '해방자'라 부르면서 좋아했
어요.

유스티니아누스 대제는 여기서 그치지 않고, 이탈리
아 반도를 점령하고 있던 동고트 왕국을 공격하기로
했어요.

무려 20년 동안 힘든 싸움을 벌인 끝에 마침내 유스
티니아누스 대제가 보낸 장군 나르세스가 승리를 거두
었어요. 그리고 이탈리아를 비잔티움 제국의 영토로 만

들었지요(554년). 여기에 더하여 유스티니아누스 대제
는 반달 왕국의 남쪽마저 손에 넣었어요. 지중해가 접
해 있는 땅을 되찾고 나니 지중해가 다시 '로마의 호
수'가 되었어요.

  하지만 전쟁이 자꾸 일어나는 통에 수많은 사람이 죽
고 도시 곳곳이 파괴되었어요. 이에 유스티니아누스 대
제는 집과 건물을 다시 짓게 했고, 불탄 교회를 일으켜
세웠어요. 그러면서 옛 로마의 전성기 모습을 하나씩
되찾아 갔지요.

  뿐만 아니라 유스티니아누스 대제는 수백 명의 학자
들을 모아 비잔티움 제국을 다스릴 법률을 만들게 했
어요. 학자들은 옛 로마의 법률은 물론이고, 그리스와

여러 나라의 법률을 모으고 분석해서 새로운 법을 만들었어요. 바로 ≪로마법 대전≫이었어요.

이 법전에는 백성의 생활이 고스란히 드러나는 조항이 많이 들어 있었어요.

유스티니아누스 황제는 혼란스러운 나라를 법으로 강력하게 다스리고, 절대적인 권력을 유지하려 했어요. 실제로 ≪로마법 대전≫은 유스티니아누스가 세운 업적 중에서도 크나큰 업적으로 이야기되고 있지요.

≪로마법 대전≫은 ≪시민법 대전≫, ≪유스티니아누스 법전≫이라고도 불리며 중세 유럽에 전해졌고, 많은 나라의 법 편찬에도 큰 영향을 주었어요. 또한 오늘날 시민법이 만들어지는 데에도 결정적인 영향을 주었지요.

이렇게 비잔티움 제국은 유스티니아누스 황제의 노력으로 옛 로마의 영광을 되찾은 듯했어요.

하지만 유스티니아누스 대제가 세상을 떠나자 비잔티움 제국은 다시 크게 흔들리기 시작했어요.

그런 중에 또다시 이민족이 제국의

랑고바르드족이 쓰던 유리 뿔잔과 브로치
랑고바르드는 '긴 수염'이라는 뜻인데, 랑고바르드족 남자 어른들이 수염을 기르는 관습이 있었기 때문이라고 한다.

**비잔티움 제국의
평범한 사람**
모자이크로 꾸며진 6세기경
비잔티움 사람의 모습이다.
당시 생활을 엿볼 수 있다.

영토로 쳐들어왔어요. 마침내 비잔티움 제국은 랑고바
르드족과 프랑크족에게 다시 이탈리아 반도를 빼앗겼
고, 이후에는 사산 왕조 페르시아와 이슬람 세력에게
시리아와 이집트를, 서고트족에게 이베리아 반도의 영
토까지 빼앗겼지요. 급기야 비잔티움 제국에는 발칸 반
도와 소아시아 쪽의 영토만 남게 되었어요.

그러던 8세기 초반에는 이슬람 세력에게 수도 콘스
탄티노폴리스를 공격당하는 일까지 벌어졌어요. 다행
히 레오 3세(재위 717~741년)가 이들의 침략을 가까스
로 막아 냈지요.

한동안 가라앉았던 비잔티움 제국은 9세기경 다시
커지기도 했답니다.

 소아시아

아시아 서쪽 끝에 있는 반도
야. 오늘날 터키 대부분에 해
당하지.

노르만족의 이동

프랑크 왕국이 나누어지고 있을 때, 유럽 세계는 다시 한번 이민족의 침입으로 몸살을 앓았어요. 동쪽에서는 마자르족이, 남쪽에서는 이슬람이, 그리고 북쪽에서는 노르만족이 세력을 뻗쳤지요.

이들 중 유럽 세계에 가장 큰 압박을 준 이민족은 바로 노르만족이었어요. 바이킹이라 불린 이들이 원래 살던 곳은 스칸디나비아 반도와 그 근처 지방이었어요. 바이킹은 항해술이 아주 뛰어나서, 이미 8세기 무렵부터 배를 타고 유럽 바닷가 곳곳은 물론 강을 거슬러 올라 유럽 안쪽 땅까지 침략하였지요.

마자르족

오늘날 헝가리 사람의 조상을 말해.

항해술

바다 위에서 배를 운항하는 기술이야.

이들은 가을걷이가 끝날 무렵 내려와 겨울을 보내고 다시 돌아가곤 했어요. 이처럼 바이킹이 남쪽으로 자주 내려온 것은 인구가 늘어난데다 농사지을 땅도 부족했기 때문이라고 추측하고 있지요.

프랑크 왕국도 카롤루스 대제 때부터 노르만족에게 시달렸어요. 프랑크 왕국이 갈라진 후에는 더 잦았지요. 바이킹에게 자꾸 약탈을 당하자 서프랑크 국왕 카롤루스 3세는 노르만의 우두머리 롤로에게 오늘날 프랑스의 센강 하류 지역 땅을 아예 넘겨주었어요.

"그대를 노르망디 공에 임명하니, 더 이상 약탈을 하지 마시오."

노르망디는 '노르만의 땅'이란 뜻이에요.

🧑 가을걷이

곡식을 심어서 다 자라면 가을에 거두어들이는 일이야.

🧔 노르망디

프랑스 북서부 지방으로 영국 해협과 접해 있어.

바이킹의 배, 롱십
바이킹이 타던 배는 길이가 약 25미터로 그리 크지 않았다. 하지만 머리와 꼬리 부분이 높이 솟구쳐 있어서 거친 바다에서도 항해하기 좋았다.

이들은 프랑크 사람들에게 아주 빨리 섞여 들었어요. 프랑크 말을 배웠고, 프랑크 사람이 입던 옷을 만들어 입었으며, 크리스트교도가 되었지요.

한편, 일부 노르만족은 러시아 지역으로 이동하여 슬라브족을 점령하고, 882년에는 키예프 지역에 키예프 공국을 건설했어요. 이 나라가 러시아의 기원이 되었답니다.

뿐만 아니라, 노르만족은 1066년에 다시 섬나라 영국 땅을 정복하여 노르만 왕조를 세웠어요. 이것이 바로 영국의 기원이 되었어요.

또 원래의 거주지에 남아 있던 노르만 사람은 스웨덴과 덴마크, 노르웨이 같은 국가를 세웠어요. 이들은 북

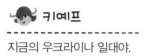

키예프

지금의 우크라이나 일대야.

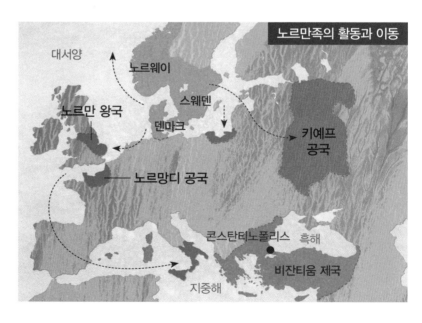

노르만족의 활동과 이동

대서양 / 노르웨이 / 노르만 왕국 / 스웨덴 / 덴마크 / 키예프 공국 / 노르망디 공국 / 콘스탄티노폴리스 / 흑해 / 비잔티움 제국 / 지중해

노르만족의 이동 --→
노르만족의 근거지 ▨
노르만족의 점령지 ▨
비잔티움 제국 ▨

극 쪽의 아이슬란드(863년)와 그린란드(985년)로 가는 길을 개척했고, 콜럼버스보다 먼저 아메리카 대륙으로도 나아갔답니다(1002~1003년).

노르만족의 활약이 두드러질 무렵, 동프랑크 왕국은 마자르족의 침입에 고통을 받고 있었어요. 그들 역시 노르만족 못지않게 잔인하고 포악했지요.

다만 동프랑크는 서프랑크에 비해서 군사력이 강했기 때문에 마자르족에 끈질기게 맞서 싸웠어요. 특히 국왕 오토 1세(오토 대제)는 도나우강 하류 지역에 종종 나타나는 마자르족을 무찔렀고, 슬라브족의 침입도 막아 냈어요. 나아가 폴란드와 보헤미아 지방을 점령하더니, 마침내 프랑스 일부 지역과 북이탈리아까지 합쳤어요.

그런 덕분에 동프랑크는 서유럽에서 가장 큰 국가가 될 수 있었지요.

오토 대제가 쓴 왕관
오토 1세는 교황 요한 12세로부터 신성 로마 황제라는 칭호를 받았다. 신성 로마 제국은 962년 오토 1세가 황제가 된 뒤 19세기 초까지 이어졌다.

영국의 탄생

유럽을 휩쓸던 바이킹은 영국의 여러 섬에도 상륙했어요. 이때까지 영국 땅에 살던 켈트족과 앵글로-색슨족은 처음에는 바이킹 침입자들과 수도 없이 싸웠어요. 하지만 시간이 지나면서 결국에는 침략한 땅에 정착하는 바이킹들이 생겨났지요.

나중에는 바이킹 출신의 왕이 영국을 다스리기도 했어요. 마침내 영국 땅에는 앵글로-색슨족과 바이킹족이 한데 섞여 살게 되었지요.

11세기 초, 서프랑크 왕국의 샤를 3세가 노르망디 공으로 임명한 롤로의 후예 중에는 윌리엄 공작이 있었어요. 노르망디에 사는 윌리엄은 체격이 우람하고 힘이 셌어요. 활도 아주 잘 쏘았지요.

"힘이야말로 진정한 정의다!"

그렇게 곧잘 외치던 윌리엄은 영국의 왕이 되고 싶었어요.

하지만 영국에서는 젊은 귀족 해럴드가 왕위에 오를 준비를 하고 있

영국 왕이 된 윌리엄 공작
원래 노르망디의 공작이었으나 영국을 정복함으로써 정복왕 윌리엄 1세로 불렸다. 윌리엄 1세는 영국 노르만 왕조의 첫 번째 왕이다.

GVLIELMAS. CONQISTER.

었어요. 에드워드 참회 왕이 죽기
전 왕국과 왕비를 지켜 달라며 처남
해럴드를 지목했기 때문이라고 해요.
하지만 에드워드 참회 왕의 뜻을 정확하게
아는 사람은 없었답니다.

**켈트족이 의식에서
사용하던 투구**
켈트족은 로마 시대에
갈리아 사람이라 불리기도
했다. 금속 공예품을 만드는
기술이 뛰어났다.

　해럴드가 얼마 지나지 않아 대관식을 열고
왕의 자리에 오르자, 윌리엄은 이 소식을 듣고 무척 화
가 났어요. 윌리엄은 서둘러 군대를 모았어요. 1만 명
에 가까운 군사를 모으고, 2천~3천 마리의 말을 배에
실었어요. 그리고 영국으로 떠났어요. 왕의 자리를 강
제로라도 빼앗을 생각이었어요.

　윌리엄은 일부러 해럴드가 있는 곳으로부터 먼 곳
에 배를 상륙시켰어요. 해럴드의 군대가 자신이 있
는 곳까지 아주 먼 길을 오도록 하여 지치게 만들
려는 속셈이었지요.

　과연 윌리엄이 상륙했다는 소식을 전해 들은 해
럴드가 재빨리 병사를 이끌고 달려갔어요. 그러느
라 윌리엄의 의도대로 해럴드의 병사들은 지친 채 윌
리엄의 병사들과 싸워야 했지요.

　그럼에도 불구하고 헤이스팅스 언덕 위를 차지하고
있던 해럴드의 병사들은 아주 잘 싸웠어요. 아무래도

**앵글로-색슨족의
왕이 쓰던 투구**
앵글로-색슨족은 게르만족
의 한 갈래이다.
현재 영국 국민의 대부분이
그 자손이다.

영국 왕위를 갖기 위한 헤이스팅스 전투
1066년 10월 14일 벌어졌다. 이 전투로 노르만 사람인 윌리엄이 영국의 왕이 될 수 있었다.

언덕 아래 있던 윌리엄의 병사들이 불리했지요.

결국 윌리엄의 병사들은 위기에 빠졌어요. 해럴드 군대의 맹렬한 공격에 점점 뒤로 밀리기 시작한 거예요. 그런데다가 전투를 지휘하던 윌리엄이 말에서 떨어지고 말았어요.

"윌리엄이 죽었다! 이제 우리가 이겼다!"

해럴드의 병사들이 외쳤어요. 그러자 윌리엄의 병사들은 순식간에 사기가 떨어지고 말았어요.

그런데 윌리엄이 벌떡 일어나 칼을 높이 쳐들며 외쳤지요.

"나는 죽지 않았다. 노르만의 병사들아, 공격하라!"

그 말에 힘을 얻은 윌리엄의 병사들은 해럴드의 군대를 향해 다시 맹렬하게 공격을 퍼부었어요. 전세는 금방 역전이 되었지요. 해럴드의 군사들은 점차 밀리기 시작했고, 마침내 포위당하고 말았어요.

이때, 해럴드는 윌리엄 병사들이 쏜 화살을 맞고 전사하였어요.

이 싸움이 바로 헤이스팅스 전투랍니다.

월리엄은 병사들을 이끌고 런던으로 진격했어요. 아무도 막을 자가 없었지요. 그리고 1066년 성탄절에 대관식을 거행하고 왕위에 올랐어요.

월리엄은 영국의 땅이 모두 국가의 소유라고 선언했어요. 그리고 자신의 전투에 참가하여 공을 세운 노르망디의 귀족들에게 땅을 골고루 나누어 주었지요. 이때 땅을 받은 귀족들은 저마다 그 땅에 성을 하나씩 지었어요. 물론 윌리엄도 템스강 옆에 크고 아름다운 성을 지었지요. 이 성이 바로 런던타워예요.

월리엄이 영국의 왕이 되어 앵글로-색슨 왕조는 끝나고 노르만 왕조가 시작되었어요. 사람들은 윌리엄을 '정복자 윌리엄'이라고 불렀답니다.

런던타워
윌리엄 1세의 명령으로 지은 건물이다. 이곳에는 여러 개의 건물이 모여 있다. 가장 중요한 건물은 '화이트 타워'로 불리는 건물로 높이가 28미터에 이른다. 수백 년 후 헨리 3세가 탑을 흰색으로 칠해서 붙은 이름이다.

중세 초기 유럽의 문화

5~9세기 유럽에서는 프랑크 왕국과 비잔티움 제국, 그리고 여러 민족이 활동했어요. 이 무렵 크리스트교가 각 나라의 종교로 자리 잡았지요.

프랑크 왕국의 카롤루스 대제는 땅을 넓힐 뿐만 아니라 문화를 발전시키기 위해 힘을 기울였어요. 궁정 학교를 세우고, 수도사들을 시켜 곳곳에 아이들을 위한 학교를 짓게 했지요.

이 당시 수도사들은 재물에 대한 욕심 없이 가난하게, 믿음을 지키며, 바르게 행동하고, 순종하면서 살자는 규칙을 내걸고 한곳에 모여 수도 생활을 하기 시작했어요. 수도사들이 모여 생활했던 곳이 수도원이었어요.

수도사들은 소박하게 지어진 수도원에서 정해진 규율을 철저하게 지키면서 성경을 공부했어요. 카롤루스 대제는 수백 명의 수도사들에게 성경을 베껴 쓰도록 했지요. 이뿐 아니라 수도사들은 그리스와 로마의 책을 베껴 써서 학문의 발전에도 큰 기여를 하였어요. 고전

궁정 학교

카롤루스 대제가 왕족과 궁정 대신의 자녀를 가르치기 위해 궁정 안에 세운 학교야.

에 대한 연구가 이렇게 시작되었지요. 이때의 수도원은 학문을 연구하고 사람들을 가르치는 중심지였어요. 고대의 문화유산을 후세에 전하는 징검다리 역할을 한 거예요. 그래서 이때를 '카롤루스 르네상스 시대'라고 부르기도 한답니다.

한편 콘스탄티노폴리스는 로마 제국의 수도가 된 뒤부터 상업과 무역의 중심지로 발달했어요. 그 덕분에 수많은 나라 사람들이 오가는 국제도시가 되었지요.

잃어버렸던 땅을 되찾고, 이민족을 물리친 비잔티움 제국의 유스티니아누스 대제는 콘스탄티노폴리스의 권위를 더욱 높이기 위해 성 소피아 성당을 지었어요.

성 소피아 성당
콘스탄티노폴리스는 그리스와 가까워서 헬레니즘 문명의 영향을 받았다. 또한 동방으로 나가는 길목이기도 해서 종교, 문화에 동서의 특징이 골고루 반영되었다.

 르네상스

문화와 예술 부흥 운동을 말하지.

돔

공을 절반으로 자른 모양의 지붕이야.

성 소피아 성당은 겉으로 보기에도 화려했어요. 대리석으로 만든 웅장한 돔이 한 개가 아니라 커다란 한 가운데의 돔을 여러 개의 작은 돔들이 감싸고 있었어요. 건물 안의 벽에는 자주색과 초록색 돌이 쌓여 있었고요. 돔이나 천장, 벽에는 모자이크가 장식되었지요.

"이것 좀 보세요. 빛의 위치와 방향에 따라서 색이 다르게 나타나는군요."

모자이크로 만들어진 그림은 성 소피아 성당과 산 비탈레 교회 등을 더욱 아름답게 꾸몄어요.

영어의 탄생

윌리엄이 영국의 왕이 되기 전 영국에서는 게르만족의 고대 영어를 사용하고 있었어요. 윌리엄이 왕이 되면서 노르망디에서 함께 온 귀족들은 프랑스 어를 썼지요. 하지만 보통의 사람들은 여전히 고대 영어를 사용했어요. 오늘날의 영어는 상류층이 쓰던 프랑스 어와 서민이 쓰던 게르만족 영어가 합쳐져 만들어졌답니다.

"Hþæt þē Gārdena ingēar dagum þēod cyninga þrym ge frunon."

– 들어라! 우리 옛 왕의 영광을.

고대 영어로 쓴 《베오울프》(용을 처치한 영웅 이야기)의 첫 문장이에요. 고대 영어를 엿볼 수 있지요.

그리스 건축가가 지은 성 소피아 성당은 묘하게도 그리스 로마의 양식에 동쪽 지방의 특징이 어우러져 있었어요. 이처럼 그리스 로마 고전 미술의 바탕 위에 동쪽 지방의 요소를 더하다 보니, 비잔티움의 예술은 매우 화려해 보였지요.

비잔티움의 예술은 훗날 이슬람 여러 국가의 예술에 영향을 미쳤어요. 뿐만 아니라 북쪽의 슬라브 민족에게 전해지기도 했답니다.

**성 소피아 성당의
예수 모자이크**
모자이크는 여러 가지 색의 돌, 유리 등을 붙여서 그림을 나타내는 미술 기법이다.

교황은 왜 프랑크 왕국의 왕을 황제로 임명했을까?

우리는 용감한 바이킹!

바이킹의 배

바이킹의 배, 롱십은 아주 튼튼했어요.
배의 바닥을 길고, 튼튼하게 이어 붙여서 웬만한
파도에도 잘 견디도록 만들었지요.
또 무거운 돛대와 정사각형의 커다란 돛을 달아
바람을 잘 탈 수 있었어요. 여기에 더하여 수십 개의
노를 동시에 저을 수 있도록 만들어서 파도가 쳐도
물살을 잘 헤쳐 나갈 수 있었어요.

바이킹의 식사법, 뷔페

바이킹은 며칠 동안 배를 타고 다니며 먹을 것과 마실 것을
구해 왔어요. 때로는 훔치기도 했지요.
그리고 여러 음식과 술을 한 상 위에 다 펼쳐 놓고 마을 사람들이 모여
식사를 했어요. 바이킹의 이 식사법이 오늘날 뷔페가 되었답니다.

콜럼버스보다 먼저 북아메리카에 가다

985년 그린란드까지 간 지도자 빨간 에리크의 아들
에릭손은 1002년 무렵, 북아메리카 대륙까지 건너갔어요.
그때 상륙한 곳이 캐나다 동쪽 끝에 있는
뉴펀들랜드 지방이라고 해요. 바이킹은 콜럼버스보다
500년이나 먼저 아메리카 대륙을 발견한 것이지요.

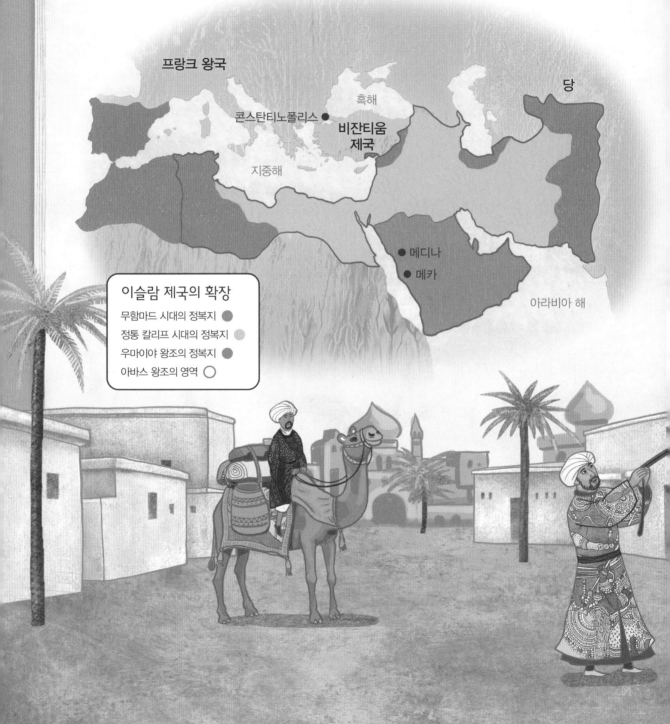

2장 이슬람 제국의 탄생

프랑크 왕국

당

흑해

콘스탄티노폴리스

비잔티움
제국

지중해

메디나

메카

아라비아 해

이슬람 제국의 확장

무함마드 시대의 정복지 ●
정통 칼리프 시대의 정복지 ●
우마이야 왕조의 정복지 ●
아바스 왕조의 영역 ○

나는 바그다드에 사는 상인이란다. 주로 여러 가지 도형 무늬를 수놓은 화려한 양탄자를 팔지. 이곳 바그다드에는 중국에서 오는 진기한 물건과 유럽의 귀한 물건이 모두 모여. 그래서 아라비아 사람은 물론이고 세계 각국의 사람들로 북적거린단다. 이 양탄자가 유럽과 중국에서 인기가 아주 많다는구나. 다음 달에는 내가 직접 우리 아라비아의 물건을 가지고 중국에 가 볼까 해. 비단길을 따라서 말이야. 참!《아라비안나이트》의 배경이 바그다드라는 사실, 알고 있니?

이슬람 국가의 탄생

🐘 무함마드
- - - - - - - - - - - - - - - -
알라를 유일신으로 믿는 이
슬람교를 창시했어.

🐘 대상 무역
- - - - - - - - - - - - - - - -
교통수단이 발달하지 않았을
때, 상인들이 무리를 지어 낙
타 등에 물건을 싣고 다니며
사고팔던 일을 말해.

아라비아 반도는 대부분 사막으로 덮여 있어요. 그래서 이 지역에 살던 사람들은 오아시스와 풀밭을 찾아 제각각 흩어져 양떼를 몰고 떠돌아다녔어요. 그리고 저마다 여러 신을 섬겼지요. 아라비아 반도는 이러한 여러 가지 이유 때문에 6세기 이전까지 통일 국가를 이루지 못했어요.

그러던 570년, 상업이 발달한 도시 메카에 무함마드라 불리는 아이가 태어났어요. 무함마드는 어릴 때 아버지를 잃고, 대상 무역을 하던 작은아버지를 따라 여

이슬람교의 성전이 된 카바 신전
무함마드는 카바 신전에서 다른 신을 상징하는 것들을 없애고,
검은 돌만 남겨 이슬람교의 중심으로 삼았다. 전 세계의
이슬람교도들은 매일 카바 신전을 향해 기도를 드린다.

러 곳을 돌아다녔어요. 그리고 그 시기에 크리스트교
와 유대교 같은 여러 종교를 접했지요. 무함마드는 다
양한 경험을 한 덕분에 메카 사람들이 가진 종교의 문
제를 알게 되었어요.

이때까지만 해도 메카 사람들은 카바 신전에서 여러
신을 받들고 있었어요. 하지만 무함마드는 그것이 모
두 헛된 일이라 여겼어요.

'메카 사람들은 신앙생활을 올바르게 하고 있지 않
아. 돌에 기도를 하지만, 돌아서면 놀음을 하고, 술이나
마시지. 가난한 사람을 돕거나 병든 자를 보살피지도
않아. 부자들은 기도하러 오는 사람들에게 돈을 뜯어
낼 궁리나 하지.'

무함마드는 동굴 속에 들어가 진리를 얻기 위
해 수행을 했어요. 그러다가 마침내 알라로부
터 계시를 받았어요.

"나 무함마드는 알라의 예언자
입니다!"

무함마드는 이전까지 아라
비아 부족들이 섬기던 여러
신이 모두 가짜라고 하며
유일한 신인 알라를 따

![우상 숭배 아이콘] **우상 숭배**

사람이나 동물의 모양을 만들어 놓고 신처럼 섬기는 것을 말해.

설교하는 무함마드
주로 젊은이들이 무함마드의 설교를 듣고 신자가 되었다.

– 그리고리 가가린
〈설교하는 무함마드〉

르라고 부르짖었어요.

"우상 숭배를 하지 마십시오. 알라께서는 종족과 계급을 차별하지 않으시며, 부자와 가난한 자도 똑같이 귀하고 평등하다 하십니다!"

처음에는 무함마드의 가족과 친척뿐이던 신도들이 무함마드의 노력으로 점점 늘어났어요. 그러나 메카의 상인 귀족은 무함마드를 싫어했어요.

"무함마드가 우리의 신들을 욕되게 하고 있소. 그리고 우리 같은 대상인들을 비판한다지요? 그런 무함마드를 따르는 사람이 늘고 있다니, 우리 메카의 기반이 흔들릴까 두렵소."

메카의 상인 귀족들은 직접 무함마드와 그 일파를 없애려고 했어요. 이를 알아챈 무함마드는 한밤중에 메카를 빠져나와 메디나로 달아났어요.

이슬람교에서는 이 일을 헤지라라고 불러요. 무함마드의 헤지라를 두고, 어떤 사람은 박해 때문이 아니라 신의 계시 때문이었다고도 하고, 메디나에서 오라고 했다고도 하지요. 무함마드가 메디나로 향했던 때가 바로 622년이었는데, 이슬람교에서는 이 해를 이슬람 달력의 시작 연도로 삼았어요.

무함마드는 메디나에서 움마를 조직하여 종교 지도자로서, 또한 정치와 군사 지도자로서 활약했어요. 그러면서 이슬람교를 확실히 세우고, 마침내 메카와 싸우기로 마음먹었지요.

전투는 치열했지만, 승리는 무함마드의 것이었어요. 메카의 귀족은 목숨을 걸고 싸우는 메디나의 군사를 당해 낼 수가 없었어요.

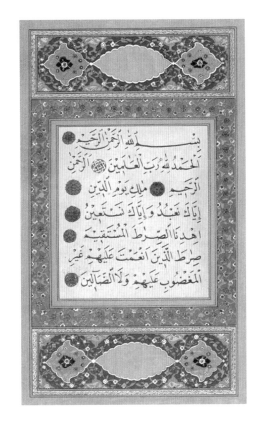

이슬람교의 경전 코란
이슬람교의 교리가 적혀 있다.

"알라를 우리의 유일한 신으로 섬기며, 무함마드를 메카의 지배자로 받아들이겠습니다!"

무함마드는 아라비아의 부족들을 차례로 정복해 나갔어요. 그리고 마침내 아라비아를 통일했지요. 그러고는 나라 바깥으로 시선을 돌렸어요. 하지만 무함마드는 시리아로 싸우러 나가기 직전 세상을 떠나고 말았어요.

🐭 **헤지라**
- - - - - - - - - - - - - - - - - - - -
다른 곳으로 옮겨 머무른다는 뜻이야.

🐭 **움마**
- - - - - - - - - - - - - - - - - - - -
이슬람 사람의 공동체를 말하지.

땅을 넓힌 우마이야 왕조

아부 바크르

이슬람교의 첫 칼리프야. 무함마드를 도와 이슬람교를 널리 퍼뜨리기 위해 애썼어.

칼리프

'신의 사도의 대리인'이라는 뜻이야.

무함마드가 세상을 떠난 뒤(632년), 이슬람의 지도자들은 무함마드를 이어 나갈 사람으로 아부 바크르를 뽑았어요.

칼리프라 불리는 종교 지도자가 된 아부 바크르는 정치와 군사 지배권까지 가졌답니다.

아부 바크르는 용맹한 이슬람 병사를 이끌고 외국을 정복하러 나섰어요. 무엇보다 기름지고 넓은 땅을 갖고 싶었기 때문이에요. 그리고 새 종교를 널리 알려야겠다는 생각도 있었지요.

아부 바크르는 우선 페르시아군을 무찔렀고, 2대 칼리프 우마르 때에는 시리아를 차지했어요. 나아가 예루살렘을 점령하고, 서쪽으로 나가 비잔티움 제국의 영토였던 이집트까지 차지했어요. 그러나 그것은 시작에 지나지 않았어요. 이슬람군은 서쪽으로 더 나아가 튀니지와 지중해의 섬 키프로스를 공격했어요. 그럼으로써 이슬람 세력은 서아시아에서 이집트에 이르는 넓은 영토를 갖게 되었어요.

하지만 3대 칼리프와 4대 칼리프 때에 다툼이 일어나고 말았어요.

3대 칼리프 우스만은 이슬람이 정복한 지역에 자신의 친인척을 책임자로 임명했어요. 그러자 반대 세력이 나타나 우스만을 없앤 뒤, 무함마드의 사촌 동생이자 사위인 알리를 4대 칼리프로 올렸지요. 바로 이때까지 (1대 칼리프~4대 칼리프)를 정통 칼리프 시대라 불러요.

하지만 곧이어 우스만을 따르던 세력이 다시 들고 일어났어요. 특히 시리아 총독이었던 무아위야가 군사를 이끌고 알리를 공격하였지요.

🐹 **정통 칼리프**

- - - - - - - - - - - - - - - -

이슬람 교단의 선거로 뽑힌 칼리프를 말해.

세습 칼리프

부모에게 칼리프의 자격을 물려받은 칼리프를 말해.

우마이야 왕조

무아위야가 661년에 설립한 이슬람 왕조야.

서고트 왕국

415년 서고트족이 로마에게 땅을 받아 세운 나라야. 크리스트교로 개종하여 로마계 사람과 어울리고자 했어.

하지만 그 전투에서 무아위야가 지고 말았어요. 이후 알리가 암살된 후에 무아위야가 칼리프 자리를 차지할 수 있었어요. 그러고는 여기에 더하여 칼리프 자리를 아들에게 물려주기 시작했어요. 그래서 이때부터를 세습 칼리프 시대라고 하지요. 바로 우마이야 왕조가 열린 거예요.

우마이야 왕조 역시 정통 칼리프 시대처럼 땅을 넓히기 위해 열을 올렸어요.

우마이야 왕조 초기에 이슬람은 북아프리카를 완전히 정복했고 6대 칼리프 때에는 이베리아 반도에 상륙하여 서고트 왕국마저 손에 넣었어요(711년).

우마이야 왕조 시대의 영역

프랑크 왕국
이베리아 반도
흑해
카스피해
비잔티움 제국
지중해
예루살렘
바그다드
메디나
메카

우마이야 왕조 시대의 영역 ■

이어 이슬람은 피레네산맥을 넘어 프랑크 왕국까지
넘보았지요. 하지만 프랑스 투르와 푸아티에에서 치른
전투에서 카롤루스 마르텔에게 지는 바람에 더 이상
앞으로 나가지는 못했어요. 이렇게 거대한 이슬람 제국
이 탄생한 거예요.

　이때 이슬람은 정복한 땅의 주민들을 강제로 억압하
지는 않았어요. 하지만 아라비아 사람이 아니면 이슬람
교도라도 지배 계층에 들어갈 수는 없게 했답니다. 모
든 사람을 평등하게 대하지는 않았던 것이지요.

차별 없는 아바스 왕조

개종자

종교를 바꾼 사람을 이르는 말이야.

지중해 전 지역으로 세력을 뻗치던 우마이야 왕조는 시간이 지남에 따라 자꾸 갈라지려 했어요. 같은 이슬람교도라 하더라도 아라비아 사람과 정복지의 개종자 사이에 차별이 나타났기 때문이에요. 아라비아 사람들에 비해 개종자들은 혜택을 누리지 못했어요.

그러던 어느날 이라크 지역에 살던 이슬람 사람이 먼저 우마이야 왕조에 반기를 들었어요.

혈족

같은 조상의 후손으로 피가 이어진 친족을 말해.

"무함마드의 혈족이 칼리프를 계승해야 한다! 4대 칼리프인 알리만이 진정한 칼리프이며 알리의 후손만이 칼리프가 될 수 있다!"

여기에 아라비아 사람만을 특별하게 대우하는 데 화가 난 정복지의 이슬람 사람이 뜻을 같이했어요. 특히 페르시아 사람이 많이 참여하여 그 세력이 점차 커졌지요.

아바스 왕조

아부 알 아바스가 750년에 우마이야 왕조를 무너뜨리고 세운 왕조야.

마침내 이라크에서 우마이야 왕조에 반기를 든 이슬람 사람들이 우마이야 왕조에 반대하는 세력을 모아 새로운 왕조를 건설했어요. 바로 아바스 왕조(750~1258년)이지요.

바그다드

티그리스강 기슭에 있던 도시로 오늘날 이라크의 수도란다.

아바스 왕조는 우선 중심지를 바그다드로 옮기고 궁

전을 화려하게 지었어요. 그러고 나서 사람들이 아라비아 민족만이 최고라는 생각을 버리고, 어떤 민족이든 이슬람교를 믿으면 모두 아라비아 사람이나 다름없다는 생각을 갖도록 했어요. 그 덕분에 아바스 왕조는 아라비아는 물론 주변의 이란(페르시아), 멀리로는 그리스의 문화까지 골고루 합쳐진 좀 더 폭넓은 이슬람 문화를 만들어 낼 수 있었어요.

마침내 5대 칼리프 하룬 알 라시드에 이르러 아바스 왕조는 전성기를 맞았어요.

아바스 왕조의 수도 바그다드로 동서 지역의 문화와 물건이 쉴 새 없이 들어왔고, 왕조의 상선이 인도양까지 오고 갔지요.

하지만 아바스 왕조도 9세기 중엽부터 흔들리기 시작했어요. 그것은 아바스 왕조가 여러 민족으로 이루어져 있다 보니 단결력이 점점 약해진 탓이 컸어요. 각 영토를 다스리고 있던 총독들은 점차 독립을 하려 했지요. 다른 민족의 침입이 잦아지고 때맞추어 왕조 안에서도

🐹 **상선**

- - - - - - - - - - - - - - - -

사람이나 짐을 나르는 데 쓰는 배야.

아바스 왕조가 세운 건축물
바그다드 유적지 사마라에 있던 대 모스크의 미나레트(첨탑)이다. 높이가 무려 50미터에 이른다.

다툼이 일어났어요. 이때를 틈타 아라비아 사람은 물론 페르시아 사람, 투르크 사람 등 여러 세력들이 저마다 크고 작은 왕국을 세웠어요. 그 때문에 아바스 왕조는 명맥만을 가까스로 유지한 채 왕조를 이어 나가야 했답니다.

이슬람 제국의 문화

9세기의 바그다드는 최고의 번성기를 맞이했어요. 동서양의 온갖 문물이 들어오고 나갔지요. 덕분에 이슬람의 문화는 원래 가지고 있던 아라비아 고유의 문화에 그리스와 인도, 이란(페르시아) 등 동서의 문화가 조화롭게 어우러져 새롭게 발달했어요.

이즈음 바그다드를 처음 찾아오는 사람들을 가장 놀라게 한 것은 이슬람 사람의 독특한 건축물이었어요. 그중에서도 모스크라고 불리는 이슬람 사람의 예배당이 특히 눈길을 끌었어요. 양파 모양의 둥근 지붕(돔)과 드높이 세워진 첨탑(미나레트)은 로마에서도 보지 못한 아주 특이한 양식이었지요.

사람들은 건물 안으로 들어가면서 또 한번 놀랐어요.

🐾 모스크

이슬람교도들이 예배하는 건물을 말해.

54

벽이 아름답고 화려하게 장식되어 있기 때문
이었지요.

하지만 그림이나 조각 같은 예술품들은 거의 찾
아볼 수가 없었어요. 이슬람교가 알라에 대한 묘사를
금지했기 때문이에요. 그래서 사람의 모습을 전혀 묘
사하지 않았지요. 어떤 건물에든 사람의 얼굴을 그리지
않았어요.

이슬람 사람들은 우리가 흔히 볼 수 있는 그림 대신
직선과 곡선만을 이용해 무늬를 만들어 냈어요. 이것을
바로 아라베스크라고 하지요.

**바그다드에 있는
모스크의 입구(위)와
아라베스크로 장식한
무덤 천장(아래)**
이를 꾸민 아라베스크는
'아라비아 풍'이라는 뜻이다.

아라베스크는 그 문양 자체만으로도 아름답기 이를 데 없었어요. 이슬람 건축물의 벽, 양탄자, 향로 등은 아라베스크 문양으로 아름답게 장식되었답니다.

그리고 이슬람 사람들은 예술뿐만 아니라 학문도 발달시켰어요. 때를 맞추어 제지술이 크게 발달한 덕분이었지요.

751년, 아바스 왕조의 이븐 살리히 장군이 당나라와 접한 국경 지역 탈라스에서 당나라군과 크게 싸웠어요. 이 전투에서 이슬람군이 승리했고, 수많은 당나라 포로를 붙잡아 왔지요. 이 포로 중에는 종이를 만들 줄 아

제지술
종이를 만드는 기술을 말해.

밤새 들어도 재미있는 《아라비안나이트》

천일야화로 불리는 《아라비안나이트》는 아바스 왕조 때에 아라비아의 여러 가지 이야기를 모은 책이에요. 한 페르시아 왕이 아내 후보감으로 들어오는 여자마다 하룻밤 안에 사형시켰어요. 그런데, 세헤라자드라는 여인은 꾀를 내어 왕에게 이야기를 들려주기 시작했어요. 페르시아 왕은 뒷이야기가 너무 궁금해서 세헤라자드를 죽일 수 없었어요. 그렇게 천 일이 지났답니다. 결국 왕은 자신의 잘못을 반성하고 세헤라자드를 왕비로 맞아들였어요. 세헤라자드가 날마다 한 이야기에는 〈알리바바와 40인의 도적〉, 〈신드바드의 모험〉 등이 있지요.

는 기술자도 있었어요. 이슬람 사람은 그에게서 종이를 만드는 기술을 배웠어요.

　이슬람 사람은 종이를 만드는 기술 덕분에 수많은 책을 쓰고 널리 전할 수 있었어요. 특히 자신이 정복한 지역이 가진 학문적 성과를 모아서 아라비아 말로 옮겼지요. 그중에는 그리스와 로마의 것도 있었어요. 이슬람 사람은 그리스 로마의 고전을 번역하기도 하고, 이집트의 자연 과학이나 의학과 관련한 글도 썼지요.

　그러면서 이슬람의 학문은 크게 발달하였어요. 훗날 이들의 학문적인 성과는 지중해 무역과 십자군 전쟁 등을 통해 서유럽에 다시 전해졌고, 이것이 르네상스 (14~16세기)를 자극하기도 했답니다.

🐹 십자군 전쟁

서유럽이 이슬람이 점령한 크리스트교 성지 예루살렘을 되찾기 위해 11~13세기에 벌인 전쟁이야.

이슬람 세계가 커질 수 있었던 비결이 무엇일까?

이슬람 사람의 생활

차도르와 히잡

이슬람교를 믿는 여성이 눈이나 얼굴만 내놓고 뒤집어쓰는 천을
차도르라고 해요. 무엇을 가지거나 누리려는 욕심을 없애고
깨끗해지려고 만들어 입기 시작했지요.
이 외에도 얼굴은 드러내고 머리카락만 가리는 히잡도 있고,
온몸을 가리는 부르카도 있어요.

목화로 옷을 만들기 시작한 아라비아 사람

이전까지 대부분의 옷은 양이나 염소의 털 등으로
만들어 입었어요. 만들기도 힘들고 비쌌지요.
그러다가 아라비아 사람은 목화로 천을 짜는 방법을 알아냈고,
이렇게 만든 옷에 색을 물들여 입었어요.
아라비아 사람이 개발해 낸 염색 방법을 '캘리코'라고 해요.

정교한 나침반의 발달

이슬람 사람은 코란의 가르침에 따라 하루에 다섯 번 기도를 해요.
이때 꼭 그들의 성지 메카를 향해 기도를 해야 하지요.
그래서 아라비아 사람은 어느 곳에 가 있든 메카가 정확히 어느 쪽인지
확인하기 위해 정교한 나침반을 만들어 내고자 끊임없이 애썼어요.

아라비아 숫자

우리가 지금 쓰고 있는 1, 2, 3…… 같은 숫자는 인도에서 처음 만들어졌으나,
아라비아 사람이 널리 사용하기 시작했어요. 그래서 아라비아 숫자라고 불러요.
이전 로마 사람은 숫자 대신 문자를 사용했지요. 그래서 계산을 할 때도
아주 복잡했어요. 지금도 시계와 같은 물건에 로마 숫자를 사용하기는 하지만,
아라비아 숫자가 없었다면 아주 불편했을 거예요.

아라비아 숫자	로마 숫자
1	I
2	II
5	V
10	X
100	C
1000	M

3장 중국의 분열과 통일 왕조

위구르

탈라스

거란

발해

신라

토번

장안 당

아라비아 해

벵골 만

수나라와 당나라

수의 영역 ●

당의 영역 ●

나는 당나라 도읍인 장안에 살고 있는 루한이야. 우리 집안은 대대로 도자기를 구워 왔어. 지금은 당삼채를 굽는 중이야. 당삼채가 뭐냐고? 흰색, 갈색, 녹색을 칠해 만든 아름다운 도자기지. 오늘 도자기에는 신경을 많이 써야 해. 장안에서도 부자로 소문난 류신이란 사람의 아버지가 어젯밤 돌아가셨는데, 그 장례식에 가져갈 물건이거든. 당삼채를 껴묻거리로 넣으려는 모양이야. 요즘 부자들 사이에서는 화려하게 장례를 치르는 게 유행인가 봐. 자! 어서 서둘러야 해.

수나라의 건국과 대운하

황건적의 난

후한 말기에 가난에 시달리던 농민들이 일으킨 반란이야. 반란을 일으킨 사람들은 노란 깃발을 들거나 노란 수건을 머리에 둘렀지.

황건적의 난으로 후한이 멸망한 뒤, 중국 땅에는 위나라(조조)와 촉나라(유비), 오나라(손권)가 들어서서 한동안 치열하게 싸움을 벌였어요.

이때 위나라는 삼국 중 가장 허약했던 촉나라를 먼저 무너뜨리고(263년), 싸움의 주도권을 잡았어요. 하지만 위나라의 장수 사마염이 위나라 황제를 죽이고 스스로 황제가 되었어요.

사마염(진 무제)

사마염은 280년 중국을 통일한 진나라의 첫 번째 황제야.

"이제부터 나라 이름을 진이라 하고, 오나라를 쳐서 대륙을 통일할 것이다!"

사마염은 오나라를 공격해 마침내 중국 땅을 다시 한 번 잠시나마 통일했어요(280년).

하지만 진나라는 곧바로 나라 안 다툼으로 어지러워졌어요. 게다가 흉노족까지 만리장성을 넘어 침입하는 바람에 북쪽 땅을 포기하고 남쪽으로 도망쳐야 했어요. 이렇게 남쪽으로 피신한 진나라를 '동진'이라 불러요.

진나라가 버리고 간 북쪽 땅에는 흉노족 외에도 선비족, 갈족, 저족 등 북방의 유목민들이 저마다 나라를 세웠어요. 이런 탓에 중국의 북부 지방을 중심으로 무려 16개의 나라가 들어서서 또다시 서로 싸웠어요. 이때를 5

호 16국 시대(304~439년)라고 하지요.

그러던 439년, 선비족이 북위를 세우면서 북쪽 지방을 통일하고, 북위는 다시 동위와 서위로 나뉘고 각각 북제와 북주로 왕조가 바뀌었어요. 남쪽에는 동진 이후, 송, 제, 양, 진 같은 나라들이 세워졌다가 사라졌지요. 이렇게 북쪽의 이민족과 남쪽의 한족이 맞서던 시기를 남북조 시대라 불러요. 그리고 위, 촉, 오 삼국 시대부터 남북조 시대를 통틀어 위진남북조 시대라고 하지요.

그러던 581년, 북주의 관리였던 양견(수 문제)이 왕위를 빼앗아 황제가 되어 수나라를 세웠어요. 그리고 589년 중국 땅을 통일했지요.

초대 황제인 문제는 통일된 나라의 기초를 튼튼하게 세우기 위해 중앙과 지방의 흐트러진 제도를 정리하여 바로잡았어요. 특히 지방에 관리를 직접 보내 다스렸는데, 지방 세력이 강해지는 것을 막기 위해서였어요. 아울러 시험을 치러 관리를 뽑는 과거제를 실시했어요. 귀족이 관직을 독점하지 못하도록 막기 위한 방법이었지요. 여기에 더하여 문제는 토지 제도를 새롭게 고쳤어요.

🌐 5호 16국 시대

이때, 중국 땅의 남북에 세워진 나라는 모두 16개였는데, 그중 5개 국가가 한족이 아닌 이민족에 의해 세워진 나라이기 때문에 5호 16국이라고 불러.

양견(수 문제)
중국 수나라를 세운 첫 번째 황제이다. 589년 진나라를 멸망시키고 중국을 통일하였다.

"백성에게 토지를 골고루 나누어 주고, 세금 또한 차별 없이 거둬들이도록 하라!"

문제는 관리와 장수에게는 엄했지만, 백성에게는 관대했어요. 황제이면서도 소박한 생활을 했고요. 덕분에 문제는 백성의 지지를 받았고, 나라를 빠르게 안정시켰어요.

하지만 문제의 뒤를 이어 황제 자리에 오른 양제는 매우 포악하고 욕심이 많았어요. 양제는 황제가 되어 세상을 한손에 거머쥐고 싶었어요. 그래서 끔찍하게도 아버지인 문제를 시해하고, 형제들까지 해친 후 황제가 되었지요.

시해

왕이나 부모를 살해하는 일이야.

"황제의 권위에 걸맞도록 궁궐을 크게 지어라!"

황제가 된 양제는 먼저 아주 호화롭고 사치스러운 궁궐을 지었어요. 전국에서 수백만 명의 사람을 데려와 일을 시켰지요. 많은 사람이 궁궐을 짓다가 목숨을 잃고 말았어요.

그런데도 양제는 멈추지 않고 대운하를 파기로 했어요. 황허와 양쯔강을 잇는 어마어마한 공사였어요.

대운하

배가 다닐 수 있도록 인공적으로 만들어 놓은 큰 물길이란다.

겉으로는 남북의 물자를 배로 실어 나르고 교류를 활발히 하기 위해서라고 했어요. 하지만 양제는 방만 100개가 넘는 커다란 배를 만들게 하고 그 배를 운하에 띄

윘어요. 그리고 그 배 위에서 수천 명의 궁녀와 함께 진수성찬을 차려 놓고 흥청망청 놀고 마셨어요. 하지만 운하를 만드느라 수많은 백성은 목숨을 잃어야 했지요. 백성이 원망하는 소리가 자자했어요. 하지만 양제는 눈 하나 깜짝하지 않았어요.

　오히려 전쟁도 자주 벌여 백성과 군사를 피곤하게 만들었어요. 북쪽으로 군대를 보내 돌궐족(투르크족)을 정복했고, 남쪽의 임읍(베트남 중남부) 등을 손에 넣었어요. 그러고는 마침내 절대 굴복하지 않는 나라, 고구려를 침공하기로 마음먹었지요.

텐진

황허강

황해

장안　　낙양　　개봉

수나라 때 개통한 대운하 ⊔⊔⊔

양주

양쯔강

황주

"주변의 모든 나라가 무릎을 꿇었는데, 유독 고구려만이 고개를 숙이지 않는구나!"

고구려를 큰 위협 세력으로 느낀 양제는 무려 113만의 군사를 이끌고 고구려 침공 길에 올랐어요.

뜻밖에도 고구려 원정은 쉽지 않았어요. 고구려군이 요동성을 닫아 걸고 버티는 바람에 이렇다 할 성과를 내지 못했어요. 부상병만 늘어날 뿐이었지요. 그러자 양제는 30만 명의 군사를 따로 뽑아 별동대를 만들고 요동성을 피해 고구려의 도읍인 평양성을 직접 공격하게 했지요.

별동대에게는 30일 분의 식량을 나누어 주었어요. 별동대는 무거운 식량 주머니와 무기를 짊어지고 밤과 낮을 쉬지 않고 행군했어요.

"서둘러라! 빨리 평양성으로 가야 한다!"

장수들이 외쳐 대는 바람에 병사들은 하나둘씩 자신의 무거운 식량 주머니를 길가에 버렸어요. 빨리 이동하려면 어쩔 수 없었지요. 그리하여 별동대가 압록강변에 도착했을 때, 이미 그들은 지치고 굶주리기 시작했어요.

🧑 행군

군대가 줄을 지어 먼 거리를 가는 일이야.

바로 이때, 고구려의 장수 을지문덕은 적진을 몰래 살펴 수나라군이 피로와 굶주림에 시달리고 있다는 사실을 알아냈지요. 그래서 수나라군을 고구려 안 깊숙한 곳까지 끌어들이기로 했어요.

"수나라 군사를 만나면, 져 주는 척하고 달아나라!"

고구려 병사들은 을지문덕의 명령에 따라 하루에 일곱 번 싸우고, 일곱 번 져 주며 수나라 병사들을 평양성 가까이까지 끌어들였어요. 수나라 병사들은 지칠 대로 지쳐서 기진맥진했어요. 결국 수나라 장수들은 군사를 돌려 돌아가기로 했지요. 을지문덕은 바로 이때를 노렸어요.

수나라 병사들이 말라 버린 청천강(살수) 상류 길을 따라 후퇴할 때였어요. 을지문덕은 수나라 병사들 절반이 강바닥으로 들어서자 명령을 내려 청천강 상류의 둑을 터뜨리게 했어요.

둑이 터지자 수나라의 병사 대부분은 물에 빠져 다치거나 죽었고 고작 2700여 명의 병사만 가까스로 살아 돌아갔지요.

그럼에도 불구하고 양제는 고구려 침략을 포기하지 않았어요.

을지문덕 장군
고구려의 장군이다. 중국 수 양제가 고구려를 공격했을 때, 살수에서 수나라를 물리쳤다.

수의 고구려 침입

고구려

수

요동성

수 양제의 침입 →

살수대첩

평양성

동해

황해

"고구려를 손에 넣어야 한다! 다시 전쟁 준비를 서둘러라!"

하지만 고구려 원정은 제대로 이루어지지 않았어요. 대운하 공사와 무리한 고구려 원정 때문에 지친 백성들이 곳곳에서 반란을 일으켰기 때문이에요.

마침내 양제도 부하에게 살해당하고 말았어요. 그 뒤를 이어 손자가 황제로 즉위했지만 이미 백성의 마음은 수나라를 떠나 있었어요.

결국 수나라는 고작 37년 만에 멸망하고 말았답니다.

원정

먼 데로 싸우러 가는 일을 말해.

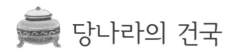 당나라의 건국

강남(양쯔강 이남)에서 버드나무가 쓰러지니
하북(황허강 북쪽)에서 자두나무 꽃이 활짝 피네.

수나라가 거듭된 반란으로 혼란스러울 때, 백성 사이에서는 이런 노래가 널리 불렀어요. 노래 속의 버드나무는 양제를, 자두나무는 당나라를 세운 이연을 뜻하는 말이었지요.

지방의 유수로 일했던 이연(당 고조)은 한때 국경 지방에서 돌궐족을 막아 내며 수 문제에게 신임을 받았어요.

이연은 둘째 아들 이세민(70쪽)의 조언을 받아들여 군사를 일으켰고, 마침내 당나라를 세웠어요. 그리고 여기저기에서 일어난 반란 세력까지 물리친 뒤, 중국 전체를 다시 통일했지요.

고조는 흐트러진 국가 질서를 재빨리 바로잡아 나라의 기틀을 세우려고 노력했어요. 이 일에 이세민이 큰 공을 세웠어요.

수 양제가 백성을 포악하게 다스리자 군사를 일으키자고 먼저 아버지에게 건의한 것도 이세민이었지요.

당나라를 세운 이연 (당 고조)
중국 당나라의 첫 번째 황제가 되었다.

🐷 **유수**
- - - - - - - - - - - - - - - - - -
지방 장관에 해당하는 벼슬자리 이름이야.

**백성을 생각한 이세민
(당 태종)**
중국 당나라의 두 번째
황제이다. 다른 형제들에
비해 무술 실력과 지혜가
뛰어났다고 한다.

궁궐의 문

왕궁 북쪽에 있던 이 문의
이름이 현무문이어서 이때의
사건을 '현무문의 변'이라고
하지.

이후 이세민은 반란 세력에 맞서 치른 네 차례 큰 전쟁도 모두 승리로 이끌었어요.

그러자 고조 이연의 맏아들 태자 이건성은 동생 이세민을 경계했어요. 이세민이 언제 자신의 태자 자리를 노릴지 모른다고 생각했기 때문이에요.

그래서 이건성의 신하 위징은 이세민을 죽여야 한다고 숨김 없이 말했어요. 결국 태자는 호시탐탐 이세민을 없앨 음모를 꾸몄지요. 물론 이세민도 가만히 있지는 않았어요.

이세민은 먼저 아버지 고조에게 달려가 아뢰었어요.

"폐하! 태자께서 동생들과 힘을 합하여 저를 죽이려 하니 어찌하면 좋겠습니까?"

이세민의 말에 고조는 모든 아들에게 궁궐로 들라고 일렀어요.

바로 이때 이세민은 태자와 왕자들이 거쳐야 하는 궁궐의 문 주위에 군사를 몰래 숨겨 두었지요. 그리고 왕자들이 지나갈 때, 목숨을 모두 빼앗았어요. 그러고는 마침내 이세민이 당나라의 두 번째 황제의 자리에 올랐어요. 이세민이 바로 태종이에요.

태종은 백성을 위하는 어진 황제가 되기 위해 노력했어요.

함께 나라를 세운 신하들을 잘 대우해 주면서도, 다른 한편으로는 끊임없이 인재를 찾아내 균형을 맞추었어요.

뿐만 아니라 나라를 위해 큰일을 할 사람이라면 과거를 묻지 않고 벼슬을 주어 나랏일을 보게 했지요. 가령 수 양제 때 벼슬을 했던 사람이나, 태자 이건성의 부하였던 사람이라도 됨됨이가 올바르다면 신하로 일하게 했어요.

또한 태종은 신하들이 아무리 고약한 충고를 해도 마다하지 않았고, 오히려 귀를 열고 들었어요.

한번은 태종이 뇌물을 받는 신하를 찾아내기 위해서 신하를 시켜 일부러 관리들에게 뇌물을 돌리게 했어요. 그런데 이때 한 관리가 뇌물을 받았어요. 그러자 태종은 화를 내며 그 관리를 죽이도록 명을 내렸어요. 그러자 신하 배구가 나섰어요.

"폐하! 이처럼 함정에 빠뜨려 관리를 처형하는 것은 부당하옵니다. 처벌은 할 수 있으나, 사형은 아니 되옵니다."

태종은 매우 불쾌했지만, 오랜 생각 끝에 신하 배구의 말이 옳다고 결론 내렸어요. 그러고는 오히려 배구를 칭찬했지요.

균형

한쪽으로 기울거나 치우치지 않고 고른 상태를 말해.

🙂 평정

적을 쳐서 정복하는 일이야.

나라는 백성이 있어야만
나라라 할 수 있다.
백성이야말로
나라의 근본이다!

"다른 신하들도 배구처럼 나에게 바른말을 아끼지 마시오!"

그리고 태종은 백성에게 관심을 기울였어요. 자연재해로 먹을거리가 부족할 때 나라의 창고를 열어 식량을 나누어 주었고, 백성이 내야 할 세금도 많이 줄여 주었어요. 잔혹한 형벌을 없앴고, 관리에게는 '법을 공정하게 집행하라!'는 지시를 내렸어요.

백성은 태종을 높이 칭송했고, 수 양제 때 고향을 떠났던 사람들이 소문을 듣고 다시 돌아오기도 했어요.

뿐만 아니라, 태종은 아버지 고조 때까지도 어쩌지 못했던 돌궐과 전쟁을 벌여 그 우두머리인 힐리가한을 붙잡았어요. 서남 쪽의 토번(티베트) 세력과 서쪽 국경 너머까지 평정했지요.

태종은 천가한이라는 칭호를 받았는데, 이것은 한족의 황제이자 북방 민족들 사이에서도 우두머리라는 뜻이었어요.

태종이 다스리던 기간 동안 당나라는 안팎이 두루 평화롭게 번영하였어요.

태종의 뒤를 이은 고종 역시 어질게 나라를 다스렸고, 고구려를 정복하는 등 영토를 더 넓혔어요. 심지어 북쪽의 몽골과 서쪽의 중앙아시아 지역 상당 부분이 당나라의 손에 들어왔어요.

하지만 그다음이 문제였지요.

고종이 죽은 뒤, 중종(고종의 일곱째 아들)과 예종(고종의 여덟째 아들)이 차례로 황제의 자리에 올랐어요. 하지만 고종의 황후였던 측천무후가 이들을 끌어내리고 스스로 황제의 자리에 올랐어요. 그러고는 나라의 이름까지 '주'라 바꾸었어요. 잠시나마 당나라의 명맥이 끊긴 것이지요.

물론 측천무후는 사실상 강제로 황제의 자리에 오른 것이어서 황족과 많은 신하가 불만을 품었어요. 이에 측천무후는 반대 세력을 가차 없이 없애는 한편, 새로운 인재를 뽑아 그 자리에 채웠지요. 그런 덕분에 측천무후는 중국 왕조에서 유일하게 여자 황제의 자리를 15년 동안이나 차지할 수가 있었어요.

대신들은 측천무후가 너무 늙어 힘을 쓸 수 없게 된 뒤에야 중종을 다시 황제의 자리에 오르게 했어요.

천가한

최고의 지배자를 뜻하는 말이야. 하늘에서 내려온 황제라는 뜻이지.

여자 황제가 된 측천무후
당 고종의 황후이다.
고종을 대신하여 나랏일을 맡아 보기도 했다.
그리고 이후 중국 역사에서 유일한 여자 황제가 되었다.

당나라의 쇠퇴

고종에 이어 황제가 된 중종은 2개월 만에 측천무후에 의해 황제의 자리에서 쫓겨났어요. 그 뒤, 중종은 '언젠가 측천무후에게 살해당할지도 모른다.'고 생각하며, 끝내는 자살을 시도하기도 했어요. 바로 이때, 황후 위씨가 중종을 위로하면서 정성을 다해 보살폈어요. 그러자 중종은 왕후 위씨에게 이런 약속을 남겼어요.

"훗날 내가 황제가 된다면, 그대가 하고자 하는 일에 절대 반대하지 않을 것이오!"

그런 약속 때문이었는지, 위씨는 중종이 왕위에 오르자 정치에 간섭하기 시작했어요. 그러다가 마침내 위씨는 측천무후를 흉내 내서 자신이 황제의 자리에 오를 생각까지 하게 되었어요. 그리고 결국, 음모를 꾸며 중종을 시해했어요(710년). 그러고는 중종의 넷째 아들을 새 황제로 앉히고 자신이 대신 나라를 다스리기 시작했지요.

하지만 이전에 황제의 자리에서 쫓겨난 예종의 아들 이융기가 군대를 일으켜 위씨와 위씨를 따르는 무리에게 맞섰어요.

알록달록 당삼채 항아리
당삼채는 당나라 때에 녹색, 흰색, 갈색 또는 녹색, 갈색, 남색의 세 가지 색을 써서 만든 도자기이다.

이융기는 곧 위씨 무리를 모두 물리치고 예종을 다시 황제의 자리에 오르게 했어요. 그리고 얼마 후, 자신이 아버지의 자리를 물려받아 황제의 자리에 올랐어요. 그가 바로 현종이에요.

현종은 태종 이후, 황실의 혼란으로 백성의 삶이 나빠졌다고 생각했어요. 그래서 무엇보다 백성을 위한 정치를 해야겠다고 생각했지요.

현종은 먼저 궁궐 안의 사치품을 모두 불태우게 했고, 황후와 황실의 모든 사람에게 검소하게 생활하도록 지시했어요. 또한 신하들의 의견에 귀를 기울여 정치를 잘하려 노력했지요. 그러다 보니 한휴라는 신하는 백성을 위해서라면 시시콜콜한 일까지 조언하고 충고했어요. 그 정도가 심해서 다른 신하들이 한휴를 내치라고 말할 지경이었지요.

"아니다. 한휴의 충고로 나의 얼굴은 창백해지고 여위었는지 모르지만, 덕분에 백성들은 살찌게 되지 않았는가? 한휴의 충고로 내가 좋은 임금이 되니 얼마나 좋은가?"

늠름한 당삼채 말
당삼채는 그릇을 비롯하여 인물, 동물 등의 모양으로도 많이 만들어졌다. 이렇게 만들어진 말은 무덤에 껴묻거리로 쓰이기도 했다.

절도사

당나라 때, 지방에서 군대를 거느리고 관리하던 곳이나 그곳의 으뜸 벼슬을 말해.

태평성대

임금이 어질게 나라를 잘 다스려 나라가 안정되고 아무 걱정이 없는 때를 말해.

이어 현종은 오랫동안 소홀히 했던 군사력을 회복하는 데 힘을 기울였어요. 고종 황제 이후 다시 이민족들이 자꾸 침략해 왔기 때문이에요.

"국경 근처의 중요한 열 곳에 절도사를 두어 수비를 강화하라!"

그런 덕분에 나라는 태종 때 못지않은 태평성대가 되었어요.

그런데 세상 최고의 미녀라 일컬어지는 양귀비에게 마음을 빼앗긴 뒤부터, 현종이 달라지기 시작했어요. 양귀비는 보는 사람마다 칭송할 정도로 아름다웠어요. 그뿐 아니라 노래와 춤도 매우 뛰어났지요. 현종은 양귀비가 따로 머물 궁궐을 지어 주었어요. 그리고 양귀비의 혈족에게 벼슬을 내렸지요.

현종은 나랏일을 제쳐 두고 밤낮으로 연회를 베풀고 술과 노래와 춤에 빠져 버렸어요. 궁중에서 사라졌던 사치가 다시 고개를 든 거예요.

나라의 창고는 바닥을 드러내기 시작했어요. 그래도 현종은 신하들의 충고를 듣지 않았어요.

궁중의 풍경
당나라 궁중에 살던 여인들의 차 모임을 묘사했다.
궁궐 생활을 엿볼 수 있다.

- 〈궁악도〉

"양귀비가 좋아하니, 남방에서 자란다는 여지라는 과일을 구해 오라!"

백성의 원망은 점차 늘어만 갔어요. 뿐만 아니라 현종이 나라를 돌보지 않는 동안 나라 안의 질서가 무너지고 있었어요. 군대를 모집해도 사람이 모이지 않았고, 세금을 내지 않는 사람이 늘어났어요.

바로 이즈음 황제로부터 신임을 받고 있던 장군 안록산이 반란을 꿈꾸기 시작했어요. 안록산은 이미 양귀비에게 아첨하여 세 곳의 절도사 자리를 꿰차고 있던 터였지요. 이런 안록산의 마음을 꿰뚫어 본 재상 양국충이 현종에게 아뢰었어요.

"안록산은 반란을 일으킬 인물입니다."

하지만 현종은 듣지 않았어요. 오히려 집과 벼슬을 내리고, 친자식처럼 돌보아 준 안록산이 반란을 일으킬 리 없다고 단단히 믿었어요.

그러나 755년 안록산은 국경 주변에 있던 자신의 군대 20만을 이끌고 반란을 일으켰어요. 안록산은 거침없이 낙양으로 진격했지요. 현종은 뒤늦게 자신의 잘못을 깨달았지만, 소용이 없었어요.

아름다운 양귀비
당나라 현종의 왕후였다. 춤과 음악에 뛰어나고 똑똑하여 현종에게 사랑을 받았다.

관군

나라에 소속된 군대를 말해.

현종은 황제 자리를 아들(숙종)에게 물려주고, 궁궐을 떠나 몸을 피했어요. 이때 신하들은 양귀비를 내어 달라고 외쳤어요.

"이 모든 일이 양귀비 때문에 일어난 일이니, 양귀비를 죽이지 않는다면 황제 폐하를 모시지 않겠습니다!"

결국 양귀비는 신하들에게 죽임을 당했지요. 하지만 안록산의 군대가 워낙 막강해서 그 이후에도 관군은 매번 지기만 했어요.

결국 현종은 서쪽 국경 밖의 위구르에서 지원군을 얻

어 와야 했어요. 그리고 가까스로 반란을 억누를 수 있었지요.

그러나 반란 때문에 토지가 황폐해져서 숙종 이후로는 세금을 제대로 거둬들일 수가 없었어요. 그런 반면 반란을 억누르는 공을 세운 지방 절도사들의 힘은 점점 커졌어요. 절도사들은 막강한 권력을 자식에게 물려주었어요. 시간이 지날수록 이들이 중앙 정부의 명령을 거부하는 일도 생겨났어요. 이런 탓에 나라의 규율과 법도가 무너지고, 황실이 위협을 받게 되었지요.

백성의 형편도 점점 나빠져서 지방 곳곳에서 농민들이 반란을 일으켰어요. 그중에서도 가장 큰 반란은 소금을 몰래 사고 팔던 왕선지와 황소의 반란이었어요. 이들이 반란을 일으키자 전국의 농민은 물론 도둑 떼와 심지어 이들을 무찔러 없애야 하는 군인들까지 반란군에 참여했어요.

황소는 이들의 도움을 받아 순식간에 낙양과 장안을 공격하여 점령했어요. 그리고 장안에 나라를 세웠지요(881년).

황소의 반란

황소의 난은 중국 당나라 말에 일어난 농민 반란이야.

활 쏘는 자세를 한 궁수
당나라 군대의 모습을 짐작해 볼 수 있다.

"이제부터 이 나라의 이름을 대제라 할 것이다!"

이어 황소는 공을 세운 자들에게 발 빠르게 벼슬을 내리고, 장안에 남아 있던 황족을 모두 없애 버렸어요.

하지만 황소는 시간이 흘러 부하인 주온의 배신으로 투르크 계 이극용 군대에 패배하게 되었어요. 그리고 황소는 스스로 목숨을 끊었지요. 이후 황소가 시작한 황소의 난은 10년 동안 계속되면서 황소가 이끌던 군대의 힘이 조금씩 약해지기 시작했어요.

이번에는 황소의 부하였던 장수 주온이 당나라군에 항복했어요. 당나라 황제로부터 완전히 충성을 바쳤다는 뜻의 전충이라는 이름까지 얻었지요. 전충은 황소를 따르던 무리와 싸워 이기고 당나라 황제를 없앤 후 새로운 나라 '후량'을 세웠지요(907년).

하지만 후량은 923년 멸망했고, 후량을 이어서 힘 있는 장군들이 후당, 후진, 후한, 후주 같은 나라를 차례로 세웠어요. 그리고 중국 땅에는 이 다섯 개의 나라 말고도 양쯔강 주변에 열 개의 작은 나라들이 만들어졌다 없어졌지요. 그래서 이때를 5대 10국 시대라고 불러요.

이후로 중국 땅은 또다시 50년이 넘게 여러 나라가 엉켜 싸우는 혼란에 빠져들었어요.

송나라의 건국과 쇠퇴

중국 땅이 여러 나라로 쪼개져 혼란에 빠져 있을 때, 5대 10국 중 하나였던 후주의 장수 조광윤이 송나라를 세우고(960년) 부하들의 뜻에 따라 황제의 자리에 올랐어요. 그가 바로 송 태조예요. 송 태조는 크고 작은 다른 나라들을 물리치고 정복했지요.

새 나라의 문을 연 태조는 장군과 같은 무관보다 문관을 더 우대했어요.

"무인을 그대로 두면 언제 또다시 황제를 위협할지 모른다. 우선 이들부터 없애야 해!"

그런 생각에 태조는 과거 시험을 거쳐 관리를 뽑았고, 이들을 직접 관리하고 감독했어요. 태조는 심지어 군사 담당자로 군사적 능력보다는 학문이 뛰어난 사람을 임명했어요. 그래서 송나라에서는 글 공부를 많이 한 사람만이 관리가 될 수 있었지요.

이런 태조의 정책은 이후 2대 황제인 태종(82쪽) 때에도 계속되어, 황제가 나라를 다스리는 힘을 강하게 해 주었어요.

하지만 문신을 지나치게 우대한 나머지 군사력이 약

송나라를 세운 조광윤 (송 태조)
절도사 제도를 없애고 중앙 군사를 강화하여 황제의 힘을 키웠다.

🐵 **무관**
- - - - - - - - - - - - - - - -
무예를 닦고 군사를 돌보는 관리를 말해.

🐵 **문관**
- - - - - - - - - - - - - - - -
학문을 연구하고 법률에 관한 일을 맡았던 관리를 말해.

문신을 우대한 송 태종
송 태조의 동생으로
송나라의 두 번째 황제가
되었다. 송 태조를 이어
중국을 통일하고 과거
제도를 확립하였다.

해지고 말았어요. 북쪽에서 요나라가 침략해 와도 번번이 지곤 했지요. 심지어 송나라는 전쟁에 패배한 대가로 요나라에 매년 은 10만 냥과 비단 20만 필을 보내야 했어요.

이런 일은 이후에도 똑같이 반복되었어요. 인종 황제 때에는 서하가 군사를 일으켰는데(1044년), 이들의 침략을 막기 위해서 은 5만 냥을 포함해 막대한 양의 보상을 해 주어야 했지요.

그러자 송나라의 재정이 바닥을 보이기 시작했어요. 백성의 생활이 어려워진 것은 말할 것도 없고요. 6대 신종 황제는 이러한 위기를 극복하기 위해서 송나라의

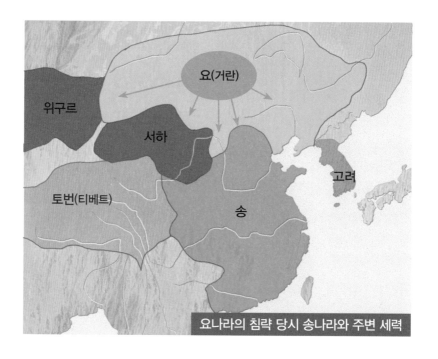

요나라의 침략 당시 송나라와 주변 세력

정치가이자 학자였던 왕안석을 재상에 임명하고 그 방법을 물었지요.

"우선은 나라가 적극적으로 나서서 넓은 땅을 가진 부유한 사람이나 대상인이 제멋대로 사람들을 괴롭히지 못하게 막아야 합니다. 그리고 중소 상인이나 서민의 생활을 보호해야 합니다. 이렇게 백성의 생활이 안정되면, 열 가구에 한 마리씩 군사용 말을 키우게 하는 겁니다. 또 농사를 쉬는 계절에는 백성에게 군사 훈련을 시켜서 전쟁이 났을 때 이들을 군사로 활용하면 됩니다."

신법이라 불리는 왕안석의 이러한 개혁안은 위기에 몰린 송나라에 큰 도움이 될 것 같았어요. 하지만 이미 넓은 땅에서 큰돈을 벌고 있던 관료들이 이를 반대했어요. 자신들이 손해를 볼 것 같았기 때문이에요. 백성들도 세금을 더 많이 내야 할까 봐 두려워 역시 반대했어요. 하지만 신종이 죽기 전까지는 신법이 꾸준히 실행되었답니다.

그런데 이것을 두고, 찬성하는 세력과 반대하는 세력 사이에 싸움이 깊어만 갔어요. 이후로 두 파벌은 오로지 벼슬자리만 탐내며 싸움을 했어요. 송나라의 앞날은 더욱 불안해져 갔지요.

개혁가 왕안석
부국강병을 위해 신법을 제정하여 실시하고자 했다.

🙂 신법

나라를 부유하게 하고, 군대를 강하게 만들기 위해 왕안석이 세운 법을 말해.

그런데 이즈음 북만주의 초원 지대에 흩어져 살던 여진족이 금나라를 세우고(1115년), 요나라를 공격하고 있었어요. 송나라는 바로 이때다 싶어서 금나라와 동맹을 맺었지요. 결국 두 나라는 힘을 합쳐서 요나라를 멸망시켰어요.

하지만 그다음이 문제였어요. 군사력이 더 뛰어난 금나라는 전쟁을 치르느라 쓴 비용을 송나라에게 내놓으라고 억지를 부렸어요. 그 때문에 송나라는 금나라에 보상금과 공물을 보내야 했어요.

하지만 그것은 시작에 지나지 않았어요. 송나라가 자신들을 막아 낼 힘이 없다는 사실을 알아챈 금나라는 송나라마저 공격해 도읍 개봉을 차지했어요(1127년). 금나라는 송나라 황제를 포함한 황족을 인질로 잡아갔어요.

그리고 겨우 살아남은 황족은 급히 남쪽으로 몸을 피해 임안을 도읍으로 정하고 송의 명맥을 이어 갔어요. 이를 남송이라 불러요.

남송은 금나라와 가까스로 평화 조약을 맺고, 꾸준히 조공을 바쳤어요. 이로 인해 나라의 주머니 사정은 급격하게 나빠졌고 점점 힘이 약해졌어요.

조공

- - - - - - - - - - - - - - - - - -

약한 나라가 힘센 나라에 때를 맞추어 귀한 물건이나 돈을 바치던 일, 혹은 그 물건을 말해.

당과 송의 문화

여러 나라가 일어섰다가 망하기를 거듭했던 이 시기에 사람들은 어떻게 살았을까요?

이 시기에는 농업 기술이 발달하여 사람들이 좀 더 배불리 살 수 있었어요. 당나라 때부터 쟁기를 쓰면서 농사가 좀 수월해졌거든요. 그리고 송나라에 이르러 모내기를 하고 용골차라는 양수기를 이용하게 되면서 농사가 더욱 쉬워졌답니다. 못 쓰는 땅을 일구어 농사지을 수 있는 땅을 넓혀 나가기도 했지요. 그래서 곡식을 예전보다 훨씬 많이 거둘 수 있었어요. 키울 수 있는 농작물도 감귤, 차 등으로 다양해졌고요.

이렇게 거둔 농작물은 배에 실려 대운하를 떠다니며 팔렸어요. 상업이 활발해지면서 교자라는 지폐까지 사용하게 되었답니다. 도시의 시장은 밤늦게까지 불이 훤했어요.

당나라에는 무역과 학문을 배우기 위해 온 외국인이 많았어요. 불교와 도교가 중심이던 중국 땅에 외국인들이 들어오면서 크리스트교, 마니교, 이슬람교, 조로아스터교 같은 종교도 함께 소개되었지요.

하지만 중국을 다스리는 것은 유교였어요.

🐷 **용골차**

논밭에 물을 대는 기구를 말하지.

송의 지폐 교자와 회자
송나라 때에는 대운하를 통해 곡물과 상품을 사고 팔면서 상업이 발달했다. 그에 따라 화폐가 활발히 사용되었다.

**성리학을 창시한
송나라의 유학자**
주희는 유학의 한 갈래인 성리학을 만들었다. 그래서 성리학을 주자학이라고도 한다. 성리학은 중국은 물론 한국과 일본에 큰 영향을 끼쳤다.

😊 **이백**

중국 당나라의 시인이야. 이별과 자연을 주제로 한 작품을 많이 남겼어.

😊 **두보**

중국 당나라의 시인이야. 인간의 슬픔을 사실적으로 노래했지. 이백과 함께 중국 최고의 시인으로 꼽혀.

당나라에서는 공자와 맹자가 남긴 문구의 뜻을 알아내는 훈고학이라는 유학이 발달했어요. 송나라에서는 사람이 어떻게 살아야 할지 연구하는 성리학이 발달했고요.

특히 당나라 때에는 이백과 두보 같은 뛰어난 시인이 나타나 아름다운 시를 남겼지요.

이백은 어릴 때부터 시를 짓는 솜씨가 뛰어나서 모두를 깜짝 놀라게 하곤 했어요.

이백의 꿈은 컸어요.

'반드시 훌륭하고 어진 정치가가 되리라!'

이백의 시가 널리 알려져 현종 황제의 칭찬을 받기도 했지만, 관리가 되지는 못했어요. 황제 주변에는 아첨하는 신하들의 무리로 채워져 있어서 이백이 나설 틈이 없었기 때문이에요.

그런 불만 때문에 이백은 권력을 잡고 있던 환관들을 비꼬곤 했어요. 그러자 환관의 우두머리인 고역사란 사람이 이백을 모함했어요.

"이백이 황제를 싫어하는 마음을 담은 시를 썼다고 합니다."

환관 고역사는 황제 현종이 양귀비의 말을 잘 듣는다는 것을 알고 양귀비에게 일러바쳤지요. 양귀비는 고

역사의 말만 믿고 황제에게 그 말을 전했고,
현종도 더 이상 이백을
좋아하지 않았어요.

  결국 이백은 벼슬을 얻어
훌륭한 정치를 해 보려던 꿈을 접고,
당나라 수도 장안을 떠나 여행길에
올랐어요.

  이 여행에서 이백은 자신의 처지
와 비슷한 두보를 만났어요.

  두 사람은 이후로 한동안 서로를 형,
아우라 부르며 노닐고 시를 지으며 생활했어요.
이백은 두보가 자신의 마음을 잘 헤아려 주는 것
같아서 정말 고마웠어요.

  두보 역시 어려서부터 시를 잘 썼어요.
일찍이 유명한 시인이었던 할아버지
두심언으로부터 배운 덕분에
이미 열다섯 살 무렵부터
이름을 널리 알렸지요.

그러나 이상하게도 과거 시험을 볼 때마다 낙방을 했어요.

그러던 35세 때였지요. 현종이 널리 인재를 구한다는 발표에 두보 역시 시험을 보았지만 또 낙방을 했어요. 그런데 여기에는 시험의 총책임자였던 이림보라는 사람의 음모가 있었어요. 답안지가 너무나 뛰어나서 두보를 뽑지 않았던 것이지요.

'이런 자가 벼슬을 하게 되면, 오히려 나에게 불리해질 수도 있어!'

벼슬길이 막힌 탓에 두보의 살림살이는 점점 어려워졌고, 마침내 자식이 굶어 죽는 일까지 벌어지고 말았어요. 그러던 차에 두보는 양귀비의 별궁 옆을 지나다

🪙 **별궁**

특별히 따로 지은 궁전을 말하지.

아시아의 베스트셀러 《삼국지》

위, 촉, 오 세 나라가 경쟁하는 모습을 담은 《삼국지》에서 조조는 아주 비범한 인물로 그려져 있고, 유비는 영웅의 모습을 풍기는 인물로, 손권은 기이하고 뛰어난 인물로 그려져 있어요. 원래의 역사책에 기록된 사실 외에 떠도는 이야기들을 합쳐서 14세기 즈음, 나관중이라는 사람이 소설로 써낸 것이지요.

가, 대낮부터 술과 노래에 빠져 지내는 양귀비와 그 주위의 권력자들을 보게 되었어요. 두보는 화가 나서 이들을 빗대 시를 한 수 썼어요.

권세 있고 돈 있는 자들은 술과 고기로 배를 채우고
백성이 사는 거리에는 굶어 죽은 시체가 가득하다.

이처럼 두보의 시에는 백성의 아픈 마음을 담아내는 시가 많았어요. 그래서 훗날까지 많은 사람에게 읽혔답니다.

수, 당, 송의 왕 중 어떤 왕이 가장 훌륭한지 생각해 보자.

송나라의 3대 발명품

세계적으로 잘 알려진 중국의 4대 발명품은
종이(후한)를 포함해 인쇄물과 화약, 그리고 나침반이에요.
이들 발명품은 서양으로도 전해져 세계의 과학은
물론 문화 발전에도 큰 몫을 담당하였지요.
그런데 이 중 세 개가 송나라 때 발명되었어요.

인쇄술

송나라 때에는 학문을 매우 중요시했어요. 경제가 활성화되어
삶이 풍요로워지다 보니 교육에 대한 욕구도 커졌기 때문이에요.
교육을 위해서는 책이 꼭 필요했어요. 그 결과 인쇄술이 발달하게 된 거예요.
마침 송나라 필승이라는 사람이 점토와 아교를 혼합하여
'교니 활자'라는 것을 발명했어요. 이후 이것은 목판 활자로 발전했지요.
그리하여 이때 성리학, 역사, 철학, 수학, 의학에 관련된
다양한 책이 출판되었답니다.

화약

화약은 진종(998~1022년) 때에 발명되었어요.
12세기 이후에는 모든 분야에서 사용되었어요.
전쟁터에서 쓰이기도 했고 불꽃놀이용으로도
사용되어 아주 크게 발전했어요.

나침반

송나라 때에는 활발하게 무역을 했어요.
이를 위해서는 배를 만드는 기술과 항해 기술이 필요했어요.
특히 바다에서 방향을 잃지 않도록 해 주는 나침반이 꼭 필요했지요.
드디어 송나라 휘종(1082~1135년) 때, 나침반이 발명되었어요.
다만 이때의 나침반은 자석 침을 물 위에 띄워
방향을 확인하는 정도였어요.

4장 동아시아의 발전

태평양

헤이안 시대

동해

야마모토 정권

일본

교토

나라

오사카

일본 중앙 집권 국가의 발전

나라 시대

나 신이치에게 기쁜 일이 생겼단다. 견당사 중 한 사람으로 뽑혔거든.

견당사는 우리 일본에서 당나라로 보내는 사신을 말해. 당나라로 가면 먼저 당나라 황제에게 우리 왕이 보낸 편지를 바쳐야 해. 그런 다음에는 궁궐 안팎을 다니며 발달한 문물을 둘러보고 학문을 익힐 거야. 하지만 언제 돌아올지는 알 수 없어. 견당사의 배는 보통 20년에 한 번씩 오고 가거든. 아무리 엄마가 보고 싶어도 20년 동안 올 수 없다는 뜻이야. 내가 다시 일본으로 돌아오면 서른여덟 살이 되겠지?

고구려의 발전

고구려는 한반도의 삼국 중 가장 먼저 나라의 기틀을 다졌어요. 나라 안으로는 중앙 집권을 이루어 내고 바깥으로는 주변의 나라들을 정복하면서 힘을 키워 갔어요. 특히 4세기 후반, 광개토대왕 때에는 한반도는 물론 대륙까지 나아가서 동아시아에서 가장 힘센 나라로 자리 잡을 수 있었지요.

광개토대왕(재위 391~413년)은 열일곱 살에 왕위에 올라 군사를 훈련시킨 뒤 북쪽으로 말을 달려 거란의 한 종족인 패려족을 정벌했어요. 그리고 4만의 군사를 일으켜 백제 정벌에 나섰어요. 이때 광개토대왕은 철옹성이라 불리던 백제의 관미성을 정복하고, 396년에는 백제의 도읍인 한성 30리 밖까지 진격했지요. 이때 백제의 아신왕은 광개토대왕 앞에 무릎을 꿇어야 했어요.

"앞으로 영원히 고구려에 순종하겠습니다."

광개토대왕은 이어 북쪽으로 가 말

 철옹성

쇠로 만든 독처럼 튼튼하게 둘러쌓은 산성이란 뜻이야. 방어가 튼튼한 사물이나 상태를 말하기도 해.

동아시아의 정복왕 광개토대왕
고구려의 19대 왕이다. 남북으로 영토를 크게 넓혀 고구려의 전성시대를 만들었다.

갈족이라고도 불리는 숙신족을 무찌르고 조공까지 약속받았어요.

그런가 하면 400년에 왜구가 신라에 침략하자 군사를 보내 신라를 도왔어요. 이때 고구려군은 신라의 국경선을 넘어 가야로 달아나는 왜구를 쫓아 거의 전멸시켰지요.

그리고 끈질기게 고구려에 대항하던 후연을 무찌르고 요동 지역까지 손에 넣었어요. 또한 동부여의 성 64개를 빼앗았지요.

그 뒤를 이은 장수왕은 427년 도읍을 평양성으로 옮기고 남쪽을 정복하러 나섰어요. 장수왕은 50년 뒤 군사를 동원해 백제를 한강 부근에서 내쫓았어요. 이때 백제는 개로왕이 전사했고 도읍을 남쪽의 웅진(공주)으로 옮겨야 했어요. 이로써 고구려는 백제와 신라가 더이상 커지지 못하게 막으면서 한강 유역의 비옥한 땅을 차지한 것이지요. 고구려군은 이 여세를 몰아 더 아래까지 내려가 지금의 충주인 중원 땅에 중원 고구려비를 세웠어요.

바로 이때, 고구려는 역사상 가장 넓은 영토를 차지하게 되었지요.

하지만 고구려에도 위기가 찾아왔어요.

남쪽 진출을 기념하는 중원 고구려비
고구려군이 남쪽으로 내려온 업적과 신라의 땅에 영향력을 끼친 내용이 새겨졌다고 추측한다.

 왜구

중국과 우리나라를 약탈했던 일본의 해적을 말해.

 후연

고구려의 북서쪽에 있던 나라야.

**고구려 사람의 돌무덤,
장군총**
중국 길림성에 있으며,
광개토대왕이나 장수왕의
무덤으로 추측한다.

 살수대첩

수나라와 고구려가 612년에
살수(청천강의 옛 이름)에서
벌인 큰 싸움이야.

612년에 113만 대군을 앞세운 수나라가 쳐들어온 것이에요. 수나라군은 육군과 해군을 모두 동원해 총공격에 나섰지요. 그 병력이 어마어마해서 모든 병사들이 출발하는 데만 40일이 걸렸다고 해요.

이때, 땅에서는 을지문덕이 수나라군을 평양성까지 끌어들여 지치게 한 뒤, 반격하여 큰 승리를 거두었어요(살수대첩). 또한 바다를 통해 평양성으로 직접 진격해 온 수나라의 해군을 고건무(훗날 영류왕)가 무찔렀고요.

"아! 내가 자만한 것이 실수였다. 고구려가 강하다는 말이 허튼 말이 아니었구나!"

수나라 해군의 장수 내호아는 허겁지겁 달아나며 자신이 졌다는 걸 인정해야 했지요.

이 전쟁에 진 결과로 수나라는 힘이 크게 약해졌고, 마침내 나라 안에 반란이 일어나 멸망하고 말았어요.

그 뒤를 이어 등장한 당나라도 고구려를 침략했어요. 고구려에서 연개소문이 반란을 일으켜 보장왕을 새 임금으로 올린 것에 대한 책임을 당나라 태종(이세민)이 묻겠다는 것이었어요. 물론 그것은 핑계였어요. 당나라에 고개를 수그리지 않고, 당당히 맞서려는 고구려를 손아귀에 넣으려는 목적이었지요.

당나라 군사는 수나라 군사와 달랐어요. 고구려의 여러 성을 격파하고 고구려 지원군을 무찌르면서 고구려의 마지막 방어선인 안시성에 이르렀지요.

하지만 요새처럼 탄탄한 안시성은 쉽게 무너지지 않았어요. 고구려 군사들은 성문을 단단히 걸어 잠그고 이따금씩 튀어나와 갑자기 공격을 하는 방법으로, 당나라군을 괴롭혔어요.

게다가 안시성은 높은 지대에 있어서 공격하기 아주 불편했어요.

연개소문

고구려의 장군이야. 고구려 말기 당나라의 침략을 막기 위해 천리장성을 쌓는 일을 주도적으로 진행했어.

고구려의 영토 확장

후연

동부여

국내성

고구려

평양성

동해

황해

신라

백제

안시성 전투
(645년)

• 부여성

• 국내성

• 안시성

천리장성 쌓음
(631~647년)

• 평양성

안시성 전투 위치

안시성 전투

645년, 안시성에서 일어난
고구려와 당나라의 싸움을
말해.

"안시성 앞에 토산을 높이 쌓아라!"

당 태종은 병사들에게 명령을 내렸어
요. 더 높은 위치에서 안시성을 내려다보
며 공격하면 될 줄 안 것이지요. 명령에
따라 당나라 군사 십만 명이 60여 일 만에 높은 토산을
쌓았어요.

그러나 아뿔싸! 서둘렀던 데다가 관리를 제대로 하지
못하는 바람에 토산이 무너져 내리고 말았어요. 당나라
군은 공격은커녕 무너진 토산 아래서 허둥대기만 했지
요. 고구려군은 때를 놓치지 않고, 무너진 토산을 차지

하고, 당나라군을 공격했어요.

"공격하라!"

이에 당나라군은 큰 피해를 입고 물러나야 했어요.

결국 모든 방법에 실패한 당나라 태종은 겨울이 오기 전 서둘러 당나라로 돌아가지 않을 수 없었어요. 이때 당 태종은 안시성을 지켜 낸 장수에게 비단 100필을 선물로 주었어요. 또한 당나라로 돌아가 다시는 고구려를 침략하지 말라고 유언을 남기기도 했답니다.

 # 백제와 신라의 발전

4세기 중엽인 근초고왕(재위 346~375년) 때, 백제의 힘이 고구려까지 뻗쳤어요. 근초고왕은 지방에 담로라는 행정구역을 만들어 왕자나 왕족을 보내 지방까지 직접 다스렸어요. 나라가 국왕 중심으로 움직이도록 한 것이지요.

그리고 오늘날 전라도의 곡식이 아주 많이 나는 지대를 차지한 뒤, 백제의 위상을 일본에까지 알렸어요. 근초고왕은 아직기와 왕인을 일본에 보내 유학과 문물을 전해 주었고, 칠지도를 일본의 왕에게 내려 주어 그 위

 근초고왕

백제의 13대 왕이야.

칠지도
백제 때에 만들어 일본에 전했다고 해. 매우 정교하고 날카로운 칼로 현재 일본의 국보야.

백제 금동대향로
현재 국보 287호로 백제 때 금속으로 만든 향로이다. 연꽃으로 만들어진 몸통과 뚜껑 위 봉황의 모습이 인상적이다.

백제 무령왕비 금제 관식
무령왕릉에서 발견된 왕관 장식이다.

 법흥왕
- - - - - - - - - - - - - - - -
신라의 23대 왕이야. 이 무렵 신라가 불교를 인정했어.

 율령
- - - - - - - - - - - - - - - -
고대 국가의 법률을 말해.

엄을 뽐내기도 했어요.

뿐만 아니라 근초고왕은 귀수 태자(훗날 근구수왕)를 앞세워 고구려의 평양성을 공격하기도 했어요. 이때, 백제군은 고구려의 고국원왕까지 전사시켰지요.

하지만 백제는 곧이어 등장한 고구려의 장수왕에게 밀려 한강 유역을 내주고, 백제의 개로왕이 전사하는 등 위험에 빠졌어요. 그 때문에 도읍마저 웅진(공주)으로 옮겨야 했지요.

그 이후로도 백제는 왕위를 둘러싸고 다툼을 치열하게 벌였어요. 그러다가 성왕(재위 523~554년) 때에 이르러 도읍을 다시 사비(부여)로 옮기고 가까스로 힘을 되찾을 수 있었지요. 이때 성왕은 신라와 손을 잡고 고구려에게 빼앗겼던 한강 유역을 되찾았어요.

하지만 마지막으로 한강 유역을 차지한 나라는 신라였어요. 신라는 가장 발전이 늦었고, 내물왕 이후에는 고구려의 간섭까지 받았어요. 그러나 법흥왕(재위 514~540년) 때에 불교를 인정하고, 율령을 제정하면서 쑥쑥 커 나갔어요. 특히 진흥왕(재위 540~576년)은 정치적, 군사적 능력이 뛰어났어요. 무엇보다 화랑도를 다시 꾸려서 인재를 활발히 뽑아 쓴 것이 크게 도움이 되었지요.

화랑도는 신라 때 청소년들이 몸과 마음을 단련하던 단체였어요. 인재를 가려내는 제도이기도 했지요. 전설에 따르면, 진흥왕이 남모와 준정이라는 여자 지도자를 뽑아 그 아래 훌륭한 청년들을 모이게 하여 경쟁하도록 했어요. 그러나 준정이 남모를 질투하여 죽이는 바

진흥왕

신라의 24대 왕이야. 한강 지역을 차지했어.

**북한산에 있던
진흥왕 순수비**
신라의 진흥왕이 땅을 넓힌 뒤
세운 기념비다. 국보 3호로
지정되었다.

 관산성

지금의 충청북도 옥천이야.

 대야성

지금의 경상남도 합천이야.

람에 여자가 아닌 남자 중 뛰어난 자를 뽑아 그 아래 청년들을 모이게 하여 훈련시키게 되었지요. 김유신을 비롯한 신라의 수많은 인재들이 화랑도를 통해 나왔답니다.

6세기, 고구려가 나라 안에서 일어난 다툼 때문에 남쪽 국경을 소홀히 지키고 있을 때, 진흥왕은 '한강 유역을 공략하자.'는 백제 성왕의 제안을 받아들였어요.

"고구려를 공격하라!"

신라군은 백제군과 함께 고구려를 공격하여 신라가 한강 상류 지역을, 백제가 한강 하류 지역을 차지했어요.

하지만 진흥왕은 더욱 욕심을 내서 백제마저 공격했어요. 그리고 한강 하류 지역을 빼앗아 버렸지요. 이때 백제의 성왕이 보복을 위해서 태자로 하여금 신라의 관산성을 공격하게 했어요. 하지만 성왕은 오히려 숨어 있던 신라군에게 목숨을 잃고 말았지요.

백제를 따돌리고 한강 유역을 완전히 손에 넣은 진흥왕은 자신감으로 넘쳐서 남북을 휩쓸며 영토를 넓혔어요. 남쪽으로는 대가야를 공격해 낙동강 유역 대부분을 차지했고, 북쪽으로는 동해안을 따라 영흥만까지 진출

했지요. 그런 뒤, 진흥왕은 자신이 정복한 각 지역에 순수비를 세웠어요.

하지만 진흥왕이 세상을 떠난 뒤, 신라는 다시 약해지기 시작했어요.

특히 선덕여왕(재위 632~647년) 때에는 백제의 반격으로 서라벌(경주)로 향하는 길목인 대야성을 잃었고, 나라 안에서는 반란까지 일어나 위기가 더해졌어요. 김유신과 김춘추(104쪽)가 나서서 가까스로 반란을 억누르긴 했지만, 신라는 바람 앞의 등불과도 같은 나날을 보내야 했답니다.

김유신
신라의 장군이다. 당나라와 함께 백제를 멸망시키고, 고구려를 정벌했다.

 # 삼국 통일과 남북국 시대

대야성을 빼앗긴 신라는 그 어느 때보다 위기감을 느꼈어요. 그래서 김춘추가 직접 고구려로 가서 도와달라고 무릎을 꿇었어요. 하지만 고구려에서 실제 권력을 쥐고 있던 연개소문은 단칼에 거절했어요.

고구려에 갇혀 있다가 가까스로 도망친 김춘추는 이번에는 당나라로 떠났어요. 그리고 태종 앞에 머리를 조아리고 말했지요.

태종 무열왕 김춘추의 작전 회의
태종 무열왕은 신라의 29대 왕이다. 당나라와 연합하여 백제를 멸망시키고 삼국 통일의 기반을 다졌다.

"황제 폐하! 신라는 오랫동안 당나라에 조공하여 왔는데, 백제가 길을 막고 있으니 군대를 보내 백제를 물리쳐 주십시오."

660년 봄, 김춘추가 왕위에 오른 지 7년째 되던 해였어요. 당나라는 마침내 13만 대군을 보내 백제를 공격했어요.

장수 소정방이 이끄는 당나라군은 기벌포에 내려 별다른 방해 없이 사비성으로 향했어요. 이때, 김유신이 이끄는 5만의 군사도 황산벌에 다다라 있었지요. 이곳에서 김유신의 신라군은 계백 장군과 마주쳤어요. 계백은 처자식의 목숨을 직접 거두고 전쟁터로 달려온 터였지요.

"우리 군사의 수가 비록 신라군에 비해 부족하지만,

 기벌포
지금의 충청남도 서천이야.

 황산벌
지금의 충청남도 논산에 있는 들판이야.

죽기로 싸우면 이길 것이다!"

계백의 외침에 백제군은 끈질기게 저항했고, 신라군은 계백 장군의 결사대에 네 번이나 졌어요. 신라군의 사기는 크게 떨어졌지요.

그러자 신라의 장수들은 어린 화랑들을 앞에 내세웠어요.

처음에는 화랑 반굴이 홀로 백제군과 싸우다 전사했어요. 이어 관창이 백제군에게 달려들었지요. 이를 본 계백은 관창의 용기를 칭찬하고 살려서 돌려보냈어요. 하지만 관창의 아버지는 오히려 살아 돌아온 자식을 꾸짖었어요.

"죽음을 두려워하지 말고 싸우라 했거늘, 신라의 화랑이 어찌 살아 돌아왔느냐?"

결국 관창은 다시 백제군에 달려들어 싸우다가 그 목만 말에 매달린 채 돌아왔어요.

이것을 보고 신라군은 눈물을 흘렸어요. 그리고 용기를 냈지요.

"관창의 죽음을 헛되이 하지 말자!"

겨우 용기를 낸 신라군은 어렵게 황산벌 전투(106쪽)에서 승리를 거두었어요.

홀로 남은
정림사지 5층 석탑
신라와 당나라의 전쟁으로
사비성이 모두 불타 없어지고
이 탑만 남았다고 한다.

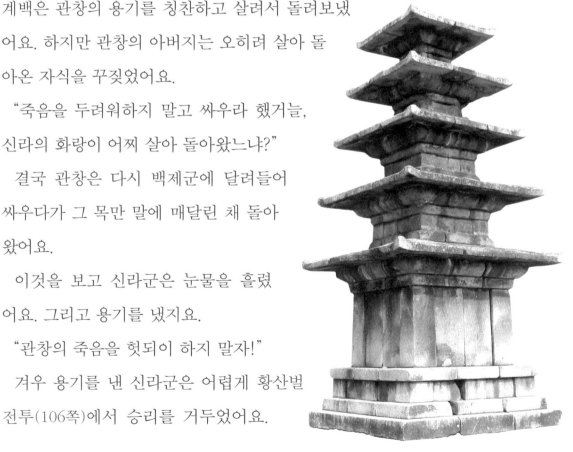

그리고 마침내 당나라군과 함께 사비 성을 차지했어요.

신라와 당나라 연합군은 이듬해부터 끊임없이 고구려의 평양성을 공격했어요. 하지만 연개소문의 활약과 고구려 군사의 끈질긴 저항으로 고구려의 평양성은 쉽사리 정복되지 않았어요.

그러던 차에 연개소문이 죽자 연개소문의 세 아들 사이에서 권력 싸움이 일어났어요.

668년 9월, 고구려 안의 싸움을 눈치 챈 나당 연합군은 큰 군대를 보내 평양성을 공격했어요. 그리고 마침내 평양성을 점령했지요.

그러나 한동안 백제와 고구려의 장수와 백성들은 당나라와 신라에 맞서 나라를 다시 세우려 했어요.

백제의 부흥 운동은 한때 200여 개의 성을 되찾을 만큼 크게 일어났지요. 하지만 지도부끼리 싸우고, 부흥 운동을 이끌던 흑치상지 장군마저 당나라에 항복하면서 부흥 운동은 더 이상 크게 번지지 못했어요.

 황산벌 전투

660년, 백제의 계백 장군이 신라 김유신과 황산벌에서 벌인 싸움이야. 신라가 승리하였지.

흑치상지

백제의 장군이야. 백제가 망한 뒤 백제를 다시 일으키려고 했어.

고구려의 부흥 운동은 검모잠이 안승을 왕으로 올리면서 큰 세력을 이루었어요. 하지만 고구려의 부흥 운동도 내부에서 다툼이 일어나는 바람에 실패하고 말았어요.

그렇다고 신라가 삼국 통일을 완전히 이뤄 낸 것은 아니었어요. 당이 옛 백제 땅과 신라에 도독부를 두고 한반도를 통째로 집어삼키려 했기 때문이에요.

이에 신라는 당나라와 싸웠어요. 한반도 곳곳에서 크고 작은 싸움이 벌어졌지요. 당나라는 신라가 굴복하지 않자 아주 큰 군대를 보냈어요. 신라에서는 김유신의 아들 원술과 신라의 여러 장수가 목숨을 내놓고 싸

검모잠

670년, 남은 고구려 백성과 함께 고구려를 다시 일으키려 했어.

도독부

중국이 정벌한 나라를 다스리기 위해 만든 기관이야.

남북국 시대(신라와 발해)

당

발해

동해

신라

황해

일본

동모산

오늘날 중국의 길림성에 있던 도읍이야.

왔어요. 그런 덕분에 신라군은 크게 승리할 수 있었지요.

그 후, 당나라는 대동강 남쪽 땅을 신라의 것으로 인정했어요.

"무기를 녹여 농기구를 만들라!"

전쟁이 끝나자 김춘추의 아들 김법민(문무왕)은 명령을 내렸어요. 이제 전쟁이 없는 평화로운 세상을 만들겠다는 뜻이었지요. 문무왕의 바람대로 이후로 신라에는 한동안 태평성대가 이어졌어요.

한편, 그로부터 얼마 후 요동으로 끌려갔던 고구려 백성을 중심으로 부흥 운동이 일어났어요. 대조영이 이들을 이끌고 동모산으로 가서 나라를 세웠는데, 바로 발해였어요(698년).

발해는 대조영의 뒤를 이은 무왕(2대) 때 힘이 강해졌어요. 당나라가 겁줘도 아랑곳하지 않았지요.

"장문휴 장군은 당나라의 등주를 공격하라!"

오히려 당나라를 먼저 공격하기도 했어요. 발해는 더더욱 발전했지요.

문왕(3대) 때에는 당나라와 사이 좋게 지내며 본격적으로 교류하기 시작했어요. 발해는 당나라로부터 여러 가지 문물과 제도를 받아들여 나라를 단단하게 발전시켰어요.

이때 당나라는 발해를 '해동성국'이라 불렀어요. 바다 동쪽의 가장 융성한 나라라는 뜻이었지요.

하지만 발해는 당나라가 멸망한 지 얼마 지나지 않아 거란의 침략을 받고 무너지고 말았어요(926년).

 # 일본, 중앙 집권에 힘쓰다

아스카 문화를 이끌었던 야마토국의 쇼토쿠 태자가 세상을 떠난 뒤(622년), 가장 세력이 큰 호족인 소가씨가 나랏일을 마음대로 주무르기 시작했어요. 소가씨는 자기들 뜻에 맞는 사람을 천황으로 내세웠고, 천황을 꼬드겨 나랏일을 자신들에게 유리하게 처리하도록 조종하기도 했어요.

이에 다른 호족들은 소가씨 세력이 권세를 쥐고서 마음대로 휘두르지 못하도록 막아야겠다고 생각했어요. 나카토미노 가마타리도 그런 호족 중의 하나였어요. 하지만 혼자 힘으로는 어렵다는 사실을 너무나도 잘 알고 있었어요.

 천황

일본의 역대 왕을 이르는 말이야. 만물을 지배하는 황제라는 뜻이지.

을사의 변 무대가 된 이타부 궁터
을사의 변은 나카노오에 왕자가 소가노 이루카를 살해한 사건이다. 이 사건으로 소가씨가 멸망하고 다이카 개신의 바탕이 마련되었다.

'나카노오에 왕자를 끌어들이자! 나카노오에 왕자가 한편이 되어 준다면 큰일을 해낼 수 있을 거야!'

그러면서 뜻을 같이할 다른 사람들을 모았어요.

645년 6월, 마침내 기회가 왔어요. 천황이 다른 나라의 사신을 만나는 날에 가마타리와 나카노오에는 소가씨 세력의 중심이었던 이루카를 살해했어요. 이 사건을 을사의 변이라고 해요.

"이루카는 역적입니다!"

왕자는 천황에게 보고한 뒤, 나머지 소가씨 세력을 없앴어요. 그러자 다른 호족은 물론 황족도 왕자의 편을 들어 주었어요.

이때, 고토쿠 천황(36대)이 새로 즉위했어요. 즉위한 직후 왕자들과 호족은 물론 관료까지 모두 불러 모으고 말했어요.

"그대들은 모두 나에게 충성하겠다고 맹세를 하라! 또한 이제부터 중국의 제도를 본떠 연호를 '다이카'로 정할 것이다!"

이것이 바로 다이카 개신이에요. 이어 천황은 다이카 2년 1월 1일 포고문을 발표했어요.

"지금부터 모든 토지와 백성은 나라의 것이다."

이를 공지 공민제라 불러요. 그러자 나카노오에 왕자가 가장 먼저 자신이 가진 토지를 천황에게 바쳤어요. 그리고 충성을 맹세했지요. 모범을 보이려 한 것이에요.

이어 나카노오에 왕자는 반대를 무릅쓰고 도읍을 아스카에서 지금의 오사카 중심지에 있던 나니와로 옮겼어요. 그리고 그 이듬해 55세의 나이로 천황에 올랐지요. 바로 38대 덴지 천황이에요. 덴지 천황은 왕자로 있으면서 오랫동안 정치를 책임지고 했던 덕분에 매끄럽게 나랏일을 이끌어 갔어요.

연호

왕이 자신이 다스리는 시기의 연도에 붙이는 칭호야.

다이카 개신

고토쿠 천황이 일으킨 정치 개혁을 말해. 법률을 새로 편찬했어.

모든 토지와 백성은 나라의 것이다!

덴지 천황의 동생 오아마 왕자는 673년 스스로 천황의 자리에 올랐어요. 바로 40대 덴무 천황이에요. 덴무 천황은 다이카 개신을 완성해야겠다고 마음먹었어요.

"황족은 12계급, 신하들은 48계급으로 나눌 것이오."

이것을 이른바 '60위계'라 부르지요. 뿐만 아니라 덴무 천황은 관리를 뽑는 관문을 넓혔어요. 또한 불교가 융성하도록 애썼고, 사원을 짓도록 적극 권장했지요. 나아가 천황의 존엄성을 내보일 수 있는 여러 가지 행사를 잘 다듬고 정리하여 천황의 권위를 존중하도록 했어요. 그리고 신처럼 섬기도록 시켰지요.

다이카 개신은 이런 과정을 통해 완성되었답니다.

흔들리는 일본의 중앙 집권

후지와라쿄

오늘날 나라 현 가시하라 시를 말해.

덴무 천황이 죽자 황후가 지토 천황(41대)이 되어 도읍을 후지와라쿄로 옮겼어요. 하지만 후지와라쿄는 작은 산에 둘러싸인 분지여서 시간이 지날수록 몹시 좁게 느껴졌어요. 이에 겐메이 천황(43대)은 새 도읍지를 찾아 옮길 계획을 세웠지요. 그 도읍이 오늘날 나라 지역의 유적지 헤이조쿄예요.

헤이조쿄는 중국의 당나라 도읍인 장안을 그대로 따라 만들어진 도시였어요. 커다란 길이 남북으로 뻗어 있고, 양쪽에는 바둑판 모양으로 집들과 건물들이 들어섰답니다.

나라에서는 이 넓은 새 도읍에 사람들을 끌어들이기 위해 노력했고, 많은 귀족들이 헤이조쿄로 옮겨 와 저택을 지었어요. 당나라를 따라 올린 청기와나 단청 장식 등이 매우 아름다웠지요.

이즈음 일본에서는 당나라로 견당사를 많이 보냈어요. 세계의 문화가 교류되고, 외국 상인이 자주 오가는 장안에 사신을 보내 공부를 시키고, 앞선 문물을 보고 오게 하려는 뜻이었어요. 이때 간 견당사 중 기비라는 사람은 지방의 호족 가문 출신으로 학식이 뛰어나 높은 벼슬에 오르기도 했지요. 그 덕분에 일본의 문화가

단청

옛날 집의 기둥이나 벽 같은 곳에 여러 가지 색으로 그린 그림을 말해.

견당사

일본에서 당나라에 파견하던 사신을 말해.

《니혼쇼키》와 《고지키》
이 두 기록물은 일본에서 가장 오래된 역사서이다. 일본의 신화와 전설. 역사가 실려 있다.

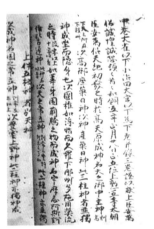

**나라 시대를 대표하는
절 도다이지(동대사)**
일본 불교의 절로 세계에서
가장 큰 목조 건물이다.

 조정

왕이 나라를 어떻게 다스릴
지 신하들과 의논하여 결정
하는 곳이야.

크게 발전할 수 있었어요.

겉으로는 나라의 정치가 안정되어 평화로워 보였어
요. 하지만 이 틈을 타서 귀족들은 자신의 세력을 키우
고 부를 쌓는 데만 열을 올렸고, 백성은 전혀 돌보지
않았어요.

귀족들은 점점 더 사치스러운 생활에 물들어 갔고 그
럴수록 백성은 생활고에 시달렸어요. 이를 견디다 못한
사람들은 자신의 농토를 버리고 부랑자로 떠돌거나 호
족에게 몸을 맡겼지요.

그런데도 조정에서는 권력을 차지하려는 싸움이 끊

임없이 일어났어요. 이즈음에는 후지와라 가문이 가장 큰 힘을 가지고 실제 권력을 손에 쥐고 있었어요. 이들은 천황까지 자기들이 직접 세우거나 쫓아 냈어요.

그런 중에 지방에서는 반란이 일어났고, 중앙의 관리들이 암살을 당하는 등 흉흉한 일이 자꾸 일어났어요.

이에 간무 천황(50대)은 정치적인 상황이 불안한 도읍부터 옮기기로 마음먹었어요. 그래서 고민 끝에 도읍을 오늘날의 교토로 옮겼지요. 나라 시대가 사실상 막을 내린 것이에요.

"새 도읍의 이름을 헤이안으로 정할 것이오!"

헤이안은 한자로 편안할 평(平), 편안할 안(安)으로 써요. 이렇게 이름을 정한 것은 이제부터 국가의 도읍이 '영원히 평화롭고 번영을 누리라!'는 의미였어요. 규모도 이전보다 훨씬 컸지요. 바로 헤이안 시대가 시작된 것이에요.

하지만 사정이 크게 나아지지는 않았어요. 오히려 몇몇 귀족 가문이 더 심하고 교묘하게 나랏일에 간섭했어요. 그들은 셋칸 정치를 하기 시작했어요. 천황이 어릴 때는 힘 있는 귀족 가문의 사람이 천황 대신 나라를 맡아 다스리다가(섭정), 천황이 자란 뒤에는 간바쿠(관백)라는 이름으로 간섭을 한 것이지요.

셋칸 정치!

섭관 정치를 말해. 섭정과 관백을 합쳐 부르는 말이야.

관백

나랏일 전체를 돌보며, 이와 관련된 모든 서류들을 검토하여 천황에게 의견을 아뢰는 직위를 말해.

특히 10세기 중엽에는 후지와라 가문 사람들이 섭정과 관백을 도맡아 했어요. 이들은 가문의 딸을 황후로 삼아, 그녀의 자식을 다시 천황으로 만드는 방법을 통해 셋칸 정치를 반복해 갔지요. 그러므로 한동안 이들에게 맞설 세력은 그 어디에도 없었답니다.

무사의 등장

다이카 개신 때, 조정은 모든 토지를 국가의 소유로 정해 놓았어요. 그런 뒤, 농민에게 토지를 나누어 주고 그 대가로 세금을 거두어들이거나 나라가 건물을 짓거나 길을 만들 때 나와 일하도록 했지요. 그런데 인구가 늘어나자 농민에게 나누어 줄 토지가 부족해졌어요. 물론 조정에서는 황무지를 쓸모 있는 땅으로 만들어 모자란 토지를 나누어 주려 했지만 한계가 있었지요.

그래서 규정을 바꾸었어요.

"개인이 쓸모 있게 만든 토지는 그 사람의 토지로 인정할 것이다!"

개인이 토지를 가질 수 있게 되자 귀족들은 앞 다투어 토지를 더 갖기 위해 애썼어요. 그러기 위해 온갖 방법을 동원했지요. 토지를 많이 가질수록 부자가 될 수 있기 때문이었어요.

　이런 중에 각 지방에서는 생활이 어려워진 농민들이 자신이 가지고 있던 땅을 귀족의 장원으로 팔아넘기는 일이 잦아졌어요. 지방의 호족들은 자신들의 토지를 중앙 귀족에게 바치고 보호를 요청했지요. 이러한 과정을 통해 점차 대규모의 토지를 가진 귀족이 늘어나기 시작했어요.

　그러다 보니 귀족들 사이에서는 토지를 서로 빼앗고 지키는 것이 중요한 일이 되었어요. 게다가 중앙 정부가 보낸 관리들은 귀족이 지나치게 많은 토지를 갖지 못하게 막으려 애썼기 때문에 이들과도 부딪힐 수밖에 없었어요.

　귀족들은 자신의 토지를 지키기 위해 노예들에게 무기를 들게 했어요.

　"피를 흘려서라도 땅을 지켜야 해!"

　바로 이 과정에서 무사가 생겨났어요. 그들은 칼로 무장을 하고 무리를 이루었지요. 무사는 토지를 지키고 뺏기 위해서 싸움도 마다하지 않았어요.

　후지와라 가문이 오래도록 셋칸 정치를 할 수 있었던

 장원

귀족이 가진 대규모의 토지를 말해.

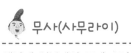 무사(사무라이)

옛날에 일본에서 무예, 무술을 했던 사람을 말해.

비결도 바로 자신들이 갖고 있던 장원 덕분이었어요. 그래서 후지와라 가문은 한편으로는 다른 귀족이 토지를 더 많이 늘리지 못하도록 철저히 막았어요. 토지가 많아진다는 건 그만큼 힘이 커진다는 뜻이었으니까요. 후지와라 가문은 황족의 토지마저도 정리하려 들었어요. 황족의 힘도 빼놓을 필요가 있었으니까요.

그러자 고산조 천황(71대, 헤이안 말기)은 후지와라

가문에 맞서기 위해 극단적인 방법을 취했어요.

"귀족들이 가지고 있는 장원을 정리하겠소. 자세히 조사하여 기준에 어긋나는 곳은 장원으로 인정하지 않을 것이오!"

후지와라 가문의 경제적 기반인 장원을 없애면 그들이 세력을 키우지 못하게 막을 수 있을 것이라 생각했던 거예요.

그러면서 한편으로는 원정을 실시했어요. 원정은 천

황 자신이 일찍 은퇴하여 상황이 되고, 어린 아들을 천황으로 즉위시킨 후, 상황이 천황의 보호자 자격으로 계속 실제 권력을 가지고 정치에 참여하는 정치 방식이었어요. 이때 상황은 원청이라 불리는 기구를 설치하고 이곳에서 천황을 조종했지요.

이렇게 후지와라 가문의 세력은 약해졌어요. 섭정이나 관백이 상황보다 높을 수는 없었으니까요.

상황
자리를 물려주고 일정한 곳에 자리 잡은 황제를 말해.

하지만 원정이 계속되자 또 다른 문제가 생겼어요. 천황이 어릴 때에는 문제가 없었지만, 다 자란 후에는 천황 자신이 나랏일을 결정하고 싶어 했기 때문이에요. 천황은 상황과 세력을 두고 다툴 수밖에 없었어요. 게다가 이 다툼에 귀족 세력이 다시 끼어들게 되었어요. 이들이 무사들을 동원하면서 정치 상황은 다시 혼란스러워지고 말았지요.

배에 탄 일본의 무사들
고대 일본의 무사는 본래 궁을 경비하거나 귀족을 보호하는 일을 했지만, 특정 귀족을 보호하기 시작하면서 세력이 커졌다.

가나 문자와 일본 문화

　7세기부터 견당사를 보내기 시작한 일본은 당나라 로부터 꾸준히 앞선 문화를 받아들였어요. 수백 년 동안 보고 배운 것으로 일본 사람은 자신만의 고유한 문화를 발전시키기 시작했지요. 하지만 당나라가 기울기 시작한 9세기 말 즈음부터는 더 이상 견당사를 파견하지 않았어요.

　일본 사람이 발전시킨 문화 중 하나가 가나 문자였어요. 일본 사람은 자신의 생각과 뜻을 가나 문자와 한자를 적절히 섞어서 표현할 수가 있었지요.

　처음에는 가나 문자가 복잡하고 혼란스러워서 사람들이 거의 쓰지 않았어요. 그것을 적극적으로 사용하

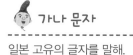 **가나 문자**

일본 고유의 글자를 말해.

다케토리 모노가타리의 한 장면
가구야히메가 달로 돌아가는 모습을 그렸다.

고 발전시킨 사람은 뜻밖에도 여성 귀족이었어요. 여성은 정치에 참여할 수 없어서 한자를 구태여 알 필요가 없었어요. 한자보다 쉬운 가나 문자로 자신의 생각을 표현할 수 있으니 즐겨 사용하게 된 거예요.

이처럼 문자가 발달하자 뛰어난 문학 작품도 많이 나왔어요. 〈다케토리 모노가타리〉도 그중 하나예요.

**다케토리
모노가타리**

- - - - - - - - - - - - - - - - -

일본에 지금까지 전해 내려오는 가장 오래된 이야기야. 대나무 이야기라는 뜻이지.

아주 오랜 옛날, 다케토리노 오키나(대나무를 가지고 이런 저런 일을 하는 노인이라는 뜻)가 산속 대나무 숲을 헤매다가 커다란 대나무 안에서 밝게 빛나는 여자아이를 발견했어요. 이상한 일이다 싶어서 노인은 아이를 데려와 아내와 함께 키우기로 했어요. 그 아이의 이름을 '가구야히메' 라고 지었지요.

아이는 쑥쑥 자라서 3개월 만에 아주 아름다운 여인이 되었어요. 반듯한 이마, 오뚝한 콧날, 맑은 눈. 예쁘지 않은 곳이 없었어요.

가구야히메의 아름다움은 금방 이웃과 마을, 그리고 궁궐에까지 알려졌어요. 그러자 수많은 귀공자들이 청혼해 왔어요.

"아름다운 나의 가구야히메님, 부디 저와 결혼해 주세요!"

그러자 가구야히메는 많은 귀공자들을 물리치고 다섯 명만을 남겨 그들에게 어려운 문제를 냈어요.

"불 속에 사는 쥐의 가죽옷, 용의 목에 달린 구슬을 구해 오세요!"

그 외에도 여러 가지 조건을 내걸었어요. 가구야히메는 결혼할 생각이 없었던 것이지요.

과연 아무도 가구야히메가 낸 문제를 해결하지 못했어요. 심지어 황제까지 가구야히메에게 다가왔지만 혼인하지는 못했어요.

그로부터 몇 년이 지나자 가구야히메는 달을 보며 깊은 시름에 잠기는 날이 많아졌어요. 노인과 아내가 무슨 일이냐고 물었지만, 대답하지 않았어요.

그러던 8월 15일, 가구야히메는 자신을 키워 준 노인 부부에게 말했어요.

"이제 저는 달나라로 돌아가야 합니다!"

그 말을 듣고 노인이 깜짝 놀라 말렸지만, 소용이 없었어요. 마침내 가구야히메는 달나라로 떠나 버리고 말았답니다.

9세기 말 즈음에 쓰여진 이 이야기는 지금까지 남아 있는, 가장 오래된 일본의 소설이에요.

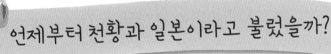

언제부터 천황과 일본이라고 불렀을까?

일본에서 '천황'이라는 호칭을 쓰기 시작한 때는 다이카 개신 무렵이에요. 우주를 지배하는 자를 도교에서 '천황대제'라고 부르는 데에서 비롯되었지요. 일본(日本)이라는 나라 이름도 이 무렵부터 정식으로 사용되었다고 해요. 하지만 일본이라는 나라 이름을 처음 쓴 사람은 쇼토쿠 태자였어요. 쇼토쿠 태자는 중국에 편지를 보낼 때 한반도보다 동쪽에 있어서 먼저 해가 뜨는 곳이라는 뜻으로 썼답니다.

이즈음에는 그림도 발달했는데, 역시 가나 문자와 관련이 깊었어요. 가나 문자로 쓰인 문학 작품을 두루마리에 그림으로 표현하는 경우가 많았거든요. 특히 옛날부터 전해지던 〈겐지 모노가타리〉의 내용을 12세기 무렵에 그린 두루마리 그림은 화려하기로 이름이 높아요.

이외에도 동물을 의인화하여 그린 〈초주기가〉와 같은 두루마리 그림도 많이 전해지고 있어요.

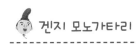

겐지 모노가타리

히카루 겐지라는 남자의 일생을 그린 이야기야.

꿈을 이루려고 당나라에 왔지만 가족이 보고 싶어.

무사 이야기

땅을 지키기 위해 생겨난 무사는 점차 군사 집단이 되어 갔어요.
1590년부터는 어떤 사람만 무사가 될 수 있다는 조건이 만들어졌지요.
'사무라이'라고 불리는 무사는 중세 이후 일본을 상징하게 되었어요.

무사의 자격

처음에는 노예가 무사가 된 경우가 많았어요. 1590년 이후에는
농부나 상인, 수공업자, 외국인 등은 무사가 될 수 없었어요.
여자는 아주 드물게 사무라이가 되는 경우가 있었지요.

무사가 되려면?

시간이 지날수록 무사가 되는 길은 어려워졌어요.
어리게는 7~8세부터 훈련을 받아야 했어요. 칼 쓰는 법은 말할 것도 없고,
위험한 상황에서 살아남는 방법, 체력 훈련을 받아야 했지요.
뿐만 아니라 생각을 올바르게 키우기 위해 공부도 열심히 해야 했어요.
그래서 글 읽기와 서예도 배웠지요. 그렇게 하여 14세 즈음에는 '겐부쿠'라 불리는
성인식을 치르고 '촌마게'(사무라이의 독특한 머리 모양)를 했어요.
이후부터 전투에 참가할 수 있었어요.

칼

칼은 무사의 상징이었어요.
그래서 무사는 칼을 자기 생명처럼 여겼어요.
무사는 칼을 많이 갖고 싶어 했어요.
어떤 무사는 아버지에게 물려받기도 했고,
또 다른 무사는 전투에 나가 승리하여
상으로 받기도 했지요.

무사의 갑옷

무사는 전투에 나갈 때, 무겁고 튼튼한 투구를 쓰고,
단단한 철판을 이어 붙인 갑옷을 입었어요.
그러다 보니 갑옷의 무게는 투구까지 포함해
약 18킬로그램이나 되었다고 해요.
때로는 적에게 겁을 주기 위해서
화난 얼굴의 가면을 쓰기도 했어요.

5장 인도의 굽타 왕조

사산 왕조
페르시아

펀자브

바라나시

굽타 왕조

바카타카

아라비아 해

촐라

벵골 만

체라

판디아

심할라

굽타 왕조 시대의 인도
4세기 경의 영역 ●
최대 영역 ●

나는 갠지스 강변에 사는 나딤이야. 새벽에 일어나 일하러 가는 중이란다. 나는 커다란 건물을 짓는 곳에서 땅을 파거나 벽돌을 나르지. 지치고 힘들지만, 평생 이 일을 해야 해. 아버지도 같은 일을 했고, 아마 내아들도 같은 일을 할 거야. 인도에는 카스트라는 계급 제도가 있는데, 나는 네번째 계급인 수드라 계급이거든. 아무리 열심히 일해도 더 높은 계급이 될 수는 없어. 휴! 언제쯤 우리나라에 카스트 제도가 사라질까?

굽타 왕조의 발전과 쇠퇴

쿠샨 왕조가 멸망한 뒤, 인도의 서북부는 한동안 여러 개의 작은 왕국으로 나누어졌어요. 저마다 흥했다가 망하기를 반복했지요. 그러던 4세기 초, 굽타 왕조가 들어섰어요.

굽타 왕조의 찬드라굽타 1세는 왕조가 번영할 수 있는 기틀을 마련했어요. 그리고 왕위를 물려받은 사무드라굽타가 본격적으로 땅을 넓히기 위해 나섰지요.

사무드라굽타는 전쟁에 나서서 지는 법이 없었어요. 사무드라굽타는 순식간에 델리와 그 가까운 지방에 있던 왕국들을 하나씩 점령하더니, 오늘날의 벵골과 네팔 지역에 이르기까지 왕국의 영토를 넓혀 나갔어요. 북인도 지역의 대부분이 굽타 왕국의 손 아래 있게 된 것이에요.

"우리 왕국은 대왕 앞에 무릎을 꿇겠습니다!"

어떤 나라는 싸움을 포기하고 사무드라굽타에게 항복하고 충성을 맹세했어요. 사무드라굽타는 그런 나라의 영토는 구태여 합치지 않고, 조공을 바치도록 했지요. 그래서 사무드라굽타가 직접 다스리는 곳은 갠지스강 부근과 북인도 평

🐷 찬드라굽타 1세

인도 굽타 왕조의 첫 번째 왕이야.

사무드라굽타가 새겨진 동전
사무드라굽타는 인도 굽타 왕조의 두 번째 왕이다. 굽타 왕조의 기초를 확립하였고 시를 짓는 일과 음악을 좋아했다.

야에 이르는 지역뿐이었어요. 사무드라굽타의
기세가 거세긴 했지만, 아직은 더 넓은 지
역을 다스릴 수 있을 만큼 왕국이 튼튼한
편은 아니었기 때문이에요.

굽타 왕국을 더 슬기롭게 키워 나간 왕
은 찬드라굽타 2세였어요.

"나는 '비크라마디티야'로다!"

'비크라마디티야'란 위대한 통치자라는 뜻이었는데,
찬드라굽타 2세는 스스로를 그렇게 불렀어요. 그리고
아버지가 물려준 영토를 지키면서 또 한편으로는 더욱
넓혀 갔지요.

**찬드라굽타 2세가
새겨진 동전**
찬드라굽타 2세는 인도
굽타 왕조의 세 번째 왕이다.
사무드라굽타의 아들이다.

찬드라굽타 2세는 정치에 결혼을 이용하기도 했어
요. 찬드라굽타 2세는 인도의 중앙 지역을 차지하고 있
던 나가 왕조의 여인을 왕비로 맞아들여 평화 조약을
맺었어요. 아울러 인도 중부 데칸 지역의 가장 큰 세력
이었던 바카타카 왕국에 딸을 시집보냈지요. 그럼으로
써 찬드라굽타 2세는 자신이 나라를 잘 다스릴 수 있
도록 밑바탕을 튼튼하게 다져 나갔어요.

그리고 찬드라굽타 2세는 군사를 동원해 여러 곳을
정벌했어요. 영토가 서쪽으로 넓어지면서 서해안의 여
러 항구를 통해 해상 무역을 할 수 있었지요.

이렇게 굽타 왕조는 펀자브 지방을 제외한 북부 인도 전 지역을 손에 넣으면서 최고의 전성기를 맞이했어요. 굽타 왕조에 위기가 닥친 것은 훈족 때문이었어요. 찬드라굽타 2세에 이어, 그의 아들 쿠마라굽타(재위 415~455년)가 다스릴 때였지요. 훈족은 서북 인도 지역으로 들어와 인더스 계곡으로 진출하기 시작했어요. 물론 처음에는 이들을 잘 막았어요. 쿠마라굽타의 아들 스칸다굽타(재위 455~467년) 때에 침입한 훈족도 잘 막아 냈지요.

하지만 이후에는 에프탈족이 굽타 왕조를 위협했어요. 그러다가 6세기 초에는 마침내 카슈미르를 정복하고 이어 인도 북부 지역의 펀자브 지역 일부까지 차지했어요.

굽타 왕조는 끊임없이 침입 세력들과 싸웠지만, 전쟁이 반복된 탓에 군사들은 지쳤고 돈도 거의 없어지기 시작했어요. 그러자 왕의 힘이 약해졌지요. 엎친 데 덮친 격으로 서로 왕위를 차지하겠다고 싸움까지 일어났어요.

결국 6세기 중엽에 이르러 굽타 왕조는 사실상 멸망하고 말았어요.

🫒 카슈미르

히말라야산맥의 서쪽 끝 부분이야.

그런가 하면, 한때는 나라까지 세웠던 훈족 역시 멸망하고 말았는데 인도에 남아 있던 훈족들은 계속 그 지역에 살면서 인도 사람처럼 변해 갔어요.

 ## 굽타 왕조의 종교

굽타 왕조를 연 왕들은 자신을 특별하게 불렀어요. 찬드라굽타 1세는 스스로를 왕 중의 왕이라고 불렀고, 찬드라굽타 2세도 '비크라마디티야'라는 이름 외에도 신의 왕이라는 뜻으로 '데바라자'라거나, 신성한 존재라는 뜻으로 '데바스리'라 부르기도 했어요.

왜냐하면 이전 왕조의 혼란을 정리하고 자꾸 쳐들어오는 이민족을 잘 막아 내기 위해서는 왕권이 아주 강해야 한다고 생각했기 때문이에요. 그래서 왕 자신이 신과 다름없다고 알리는 일부터 시작한 것이지요.

하지만 이전의 왕조가 섬기던 불교로는 이것이 불가능했어요. 불교는 모든 사람이 평등하다는 사상에서 출발하기 때문이에요.

"왕을 신비로운 신과 같은 존재로 떠받들게 해야 하는데……. 도움이 될 만한 새로운 종교와 사상이 어디 없을까?"

마침 이즈음 마우리아 왕조 이후 약해졌던 브라만교가 다시 일어서려 하고 있었어요. 하지만 원래의 브라만교와는 약간 달라져 있었지요. 경전인 베다를 기본적인 토대로 하고 있으면서도 불교와 자이나교, 심지어 다른 민족의 종교적 요소까지 부분적으로 받아들였거든요. 이것을 힌두교라 불러요.

굽타 왕조의 왕들은 힌두교를 받아들였어요. 힌두교에서는 비슈누라는 신이 시대와 상황에 따라 다양한 모습으로 자신을 드러낸다는 믿음을 가지고 있었기 때

🌑 **브라만교**

인도에서 자연의 신을 찬양하는 경전인 베다를 중심으로 발달했던 종교야.

🌑 **비슈누**

우주를 유지하고 보존하는 신이야.

**화려하게 장식된
힌두교 사원**
엘로라 석굴 중의 한 부분으로 굽타 시기에 만들어졌다.

문이에요. 힌두교는 아주 그럴 듯하게 왕을 신격화 해 줄 수 있었지요.

이처럼 힌두교가 자리 잡기 시작하자 카스트 제도 역시 자연스럽게 정착하기 시작했어요. 하지만 이전과는 달라진 모습이었지요.

무엇보다 사제인 브라만의 지위가 한껏 높아졌어요. 이들이야말로 왕의 신성화 작업에 꼭 필요한 사람들이었으니까요. 그래서 왕들은 성대한 의식을 자주 거행했고, 이들을 위해 사원도 많이 세워 주었어요. 물론 재물도 많이 바쳤지요.

왕족과 무사로 이루어진 크샤트리아 계급도 예전보다 높은 사람으로 대우 받게 되었어요. 크샤트리아 계급은 사제와 매우 가깝게 지내며 힘을 합쳐야 했기 때문이지요. 특히 이 무렵 크샤트리아는 브라만 계급만이 진행하던 제사 의식도 거행할 수 있었어요.

경제가 놀랍게 발달하자 농업과 상업, 목축업을 하는 바이샤 계급이 눈에 띄게 성장했어요. 지역의 경제를 책임지고 있던 이들은 나중에는 자신들의 이익을 위해 말할 권리도 갖게 되었지요.

몸으로 직접 일을 해야 하는 수드라 계급도 이때에는 직업을 선택할 수 있었어요.

신격화

어떤 대상이나 사람을 신으로 만드는 것을 말해.

카스트 제도

인도의 신분 제도야. 부모에서 자식으로 대물림되지.

굽타 시대

인도의 통일 왕조인 굽타 왕
조는 320년 건국되어 550년
경 무너졌어.

뿐만 아니라, 이전과는 달리 굽타 시대에는 계급 간
의 결혼이 비교적 자유로웠고 다른 민족과 혼인할 수
도 있었어요.

이처럼 힌두교와 카스트 제도가 빠르게 뿌리내리자
불교는 자연스럽게 약해지기 시작했어요. 힌두교는 인
도 지역뿐만이 아니라 서남아시아를 비롯해 시리아와
메소포타미아 지방까지 퍼져 나갔어요.

이야기를 좋아한 굽타 사람들

히말라야 산속 깊숙한 곳에서 사냥을 하던 두샨타왕이 어느 날, 사슴을 쫓다가 길을 잃고 거룩한 자 칸바가 머물고 있는 오두막에 들르게 되었어요. 하지만 그때, 거룩한 사람은 없고 그의 아름다운 딸 샤쿤탈라만 남아 있었지요.

두샨타왕은 샤쿤탈라에게 한눈에 반해 말했어요.

"당신이 나에게 궁궐로 돌아가는 길을 알려 주고 지금 나의 사랑을 받아 준다면 훗날 궁궐로 데려가 왕비로 삼을 것이오."

샤쿤탈라는 그 약속을 믿었고, 두샨타왕은 돌아갔어요.

그런데 샤쿤탈라는 자신이 왕비가 될 것이라는 기쁨에 들떠 또 다른 성자에게 예의 없이 행동을 하고 말았어요. 그러자 성자는 '두샨타왕이 샤쿤탈라를 잊게 해 주십시오!' 하고 저주를 내렸어요. 그의 저주대로 두샨타왕은 샤쿤탈라를 잊었어요.

샤쿤탈라는 아무리 기다려도 왕이 오지 않자 직접 왕을 찾아 나섰지요. 하지만 왕은 샤쿤탈라를 알아보지 못하고 오히려 그녀를 쫓아냈어요.

결국 오랜 시간이 지난 뒤에야 두샨타왕은 샤쿤탈라를 기억해 내고 그녀를 찾아 나섰지요. 그때 샤쿤탈라는 이미 두샨타왕의 아이를 키우고 있었어요. 두샨타왕은 샤쿤탈라를 데려와 궁궐에서 행복하게 살았답니다.

고대 인도에서 가장 뛰어난 시인이자 극작가로 알려져 있는 칼리다사가 쓴 〈사쿤탈라〉라는 희곡이에요. 원래 〈마하바라타〉에 실려 있던 것이었어요. 그것을 칼리다사가 살을 붙여 재미있게 바꾼 것이지요.

굽타 시대에 쓰인 이 희곡은 18세기에 이르러 영어로 번역되어 전 세계에 알려졌고 유럽 문학에 큰 영향을 끼쳤어요. 물론 오늘날에도 인도에서 가장 인기 있는 희곡 중의 하나여서 다양한 형태로 공연되고 있지요. 인도의 셰익스피어라고도 불리는 칼리다사는 이 외에도 〈비크라모르바시야〉, 〈말라비카그니미트라〉와 같은 희곡을 비롯해, 계절의 순환을 뜻하는 〈리투산하라〉와 같은 뛰어난 시를 쓰기도 했어요.

마하바라타

산스크리트 어로 된 인도 고대의 시이다.

비크라모르바시야

'용기로 얻은 우르바시'라는 뜻이야.

말라비카 그니미트라

'말라비카와 아그니미트라'라는 뜻이야.

무섭다고 소문난 훈족

훈족은 원래 중국 북부에 살고 있다가 서쪽으로 이동하기 시작했어요. 이때 한 무리는 볼가강(오늘날 러시아 서부에 있는 강)을 건넜고, 한 무리는 아무다리야강(중앙아시아에 있는 강)을 건넜어요. 볼가강을 넘은 무리는 로마 제국을 위협했고, 아무다리야강을 건넌 무리는 인도를 위협했어요.

그러나 실제로 훈족은 그 기원에 대한 설이 여러 가지여서 훈족에 대해 정확하게 설명하기란 쉽지 않아요. 다만 뚜렷하게 동양 사람의 모습을 하고 있지는 않았으며, 투르크 사람 같은 외모와 생김새를 하고 있었다고 해요.

이처럼 굽타 왕조 때에는 경제적으로 풍요로웠던 덕분에 종교뿐만 아니라 문학 작품이 크게 발전했어요.

칼리다사의 작품 말고도 인도의 2대 서사시라 불리는 〈라마야나〉와 〈마하바라타〉도 완성되었고, 유명한 동물 우화집 〈판차탄트라〉가 다시 쓰여서 사람들에게 읽혔어요.

이처럼 종교와 문학 작품이 크게 번성한 것은 바로 이 시기에 산스크리트 어를 나라말로 쓰도록 격려했기 때문이에요. 그래서 수많은 작품들이 산스크리트 어로 쓰이고 예전의 작품도 다시 정리되었답니다.

굽타의 왕들은 왜 불교가 아닌 힌두교를 받아들였을까?

수학과 과학의 나라 인도

'0'의 발견

원래 인도 사람들은 이전부터 보통의 숫자보다 훨씬 더 큰 개념의
숫자를 만들었어요. '무한'이라는 개념까지 생각해 냈지요.
굽타 왕조 시대에는 처음으로 '0'의 개념을 발견했어요.
이 '0'의 개념은 훗날 아라비아로 전해져 아라비아 숫자와 함께
수학의 발달에 아주 큰 영향을 끼쳤답니다.

지동설과 인력의 법칙

아리아바타는 인도 사람으로는 처음으로 지구가
중심축을 중심으로 자전한다는 사실을 밝혀냈어요. 나아가 태양이
지구의 주위를 도는 게(천동설) 아니라 지구가 태양의 주위를
돌고 있다고(지동설) 주장했답니다. 뿐만 아니라 천문학자 바스카라차리아는
지구가 각 물체를 그 무게에 따라 끌어당긴다고 주장했어요.
바로 인력의 법칙을 처음 밝혀낸 것이지요.

찾아보기

사진 자료 사용에 도움을 주신 곳

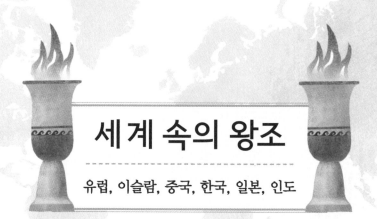

세계 속의 왕조

유럽, 이슬람, 중국, 한국, 일본, 인도

프랑크 왕국

— 메로베우스 왕조

　　왕 – 클로비스 (481년~511년)

— 카롤루스 왕조

　　왕 ┬ 피핀 (751년~768년)

　　　├ 카롤루스 대제 (768년~814년)

　　　├ 루도비쿠스 1세 (813년~840년)

　　　├ 로타리우스 (중부 프랑크, 840년~843년)

　　　└ 루도비쿠스 2세 (동부 프랑크, 843년~876년),
　　　　카롤루스 2세 (서부 프랑크, 843년~877년)

비잔티움 제국

- 유스티니아누스 왕조
  - 왕 – 유스티니아누스 대제 (527년~565년)
- 이사우리아 왕조
  - 왕 – 레오 3세 (717년~741년)

이슬람 제국

- 무함마드 (570년~632년)
- 정통 칼리프
  - 칼리프
    - 1대 아부 바크르 (632년~634년)
    - 2대 우마르 (634년~644년)
    - 3대 우스만 (644년~656년)
    - 4대 알리 (656년~661년)
- 우마이야 왕조
  - 칼리프
    - 무아위야 (661년~680년)
    - 왈리드 1세 (705년~715년)
- 아바스 왕조
  - 칼리프
    - 아부 알 아바스 (750년~754년)
    - 하룬 알 라시드 (786년~809년)

중국의 통일 왕조

수나라

황제
- 문제 (581년~604년)
- 양제 (604년~618년)

당나라

황제
- 고조 (618년~626년)
- 태종 (626년~649년)
- 고종 (649년~683년)
- 중종 (683년~684년)
- 예종 (684년~690년)
- 측천무후 (690년~705년)
- 중종 (705년~710년)
- 예종 (710년~712년)
- 현종 (712년~756년)
- 숙종 (756년~762년)

송나라

황제
- 태조 (960년~976년)
- 태종 (976년~997년)
- 신종 (1067년~1085년)

한국

고구려

왕 ─ 고국원왕 (331년~371년)
    ─ 광개토대왕 (391년~413년)
    ─ 장수왕 (413년~491년)
    ─ 영류왕 (618년~642년)
    └ 보장왕 (642년~668년)

백제

왕 ─ 근초고왕 (346년~375년)
    ─ 근수구왕 (375년~384년)
    ─ 아신왕 (392년~405년)
    ─ 개로왕 (455년~475년)
    └ 성왕 (523년~554년)

신라

왕 ─ 내물왕 (356년~402년)
    ─ 법흥왕 (514년~540년)
    ─ 진흥왕 (540년~576년)
    ─ 선덕여왕 (632년~647년)
    ─ 무열왕 (654년~661년)
    └ 문무왕 (661년~681년)

발해

왕 ─ 고왕 (699년~719년)
    ─ 무왕 (719년~737년)
    └ 문왕 (737년~793년)

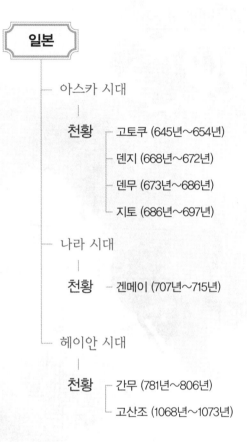

일본

├─ 아스카 시대

　　│

　　천황 ┬ 고토쿠 (645년~654년)

　　　　　├ 덴지 (668년~672년)

　　　　　├ 덴무 (673년~686년)

　　　　　└ 지토 (686년~697년)

├─ 나라 시대

　　│

　　천황 ─ 겐메이 (707년~715년)

└─ 헤이안 시대

　　│

　　천황 ┬ 간무 (781년~806년)

　　　　　└ 고산조 (1068년~1073년)

＊왕, 황제, 천황, 칼리프 이름은 도서 내용에 포함된 것만 표기했습니다.

＊이름 옆 괄호 안 연도는 그 자리에 있던 기간입니다.

인도 굽타 왕조

왕 ┬ 찬드라굽타 1세 (320년~335년)

├ 사무드라굽타 (335년~376년)

├ 찬드라굽타 2세 (380년~415년)

├ 쿠마라굽타 (415년~455년)

└ 스칸다굽타 (455년~467년)

4권에서는
여러 문화권의 충돌과
변화를 만나 보세요!

세계사

중국
삼국 시대 시작

중국 진(晉) 나라
중국 통일

중국
5호 16국 시대 시작

인도,
굽타 왕조 시작
(~550년)

서로마 제국 멸망

프랑크 왕국
클로비스, 메로베우스
왕조 창시

비잔티움 제국,
유스티니아누스
황제 등극

수나라,
중국 통일

220년경	280년	304년	320년	372년	384년	476년	481년	527년	562년	589년

고구려,
불교 전래

백제, 불교 전래

신라, 불교 공인

신라, 가야 정복

고구

한국사

무함마드,
메카에서 메디나로 도망
(헤지라)

중국,
당나라 건국

일본,
다이카 개신

이슬람 제국,
우마이야 왕조 시작

이슬람 제국,
아바스 왕조 시작
(~1258년)

일본,
나라(헤이조쿄)로
도읍 옮김

프랑크 왕국
가롤루스 왕조

612년 | 618년 | 622년 | 645년 | 660년 | 661년 | 668년 | 676년 | 698년 | 710년 | 750년 | 751년

고구려,
안시성 전투

고구려 멸망

발해 건국

려, 살수대첩

백제 멸망

신라, 삼국 통일

고구려

신라

백제

연표로 보는 세계사의 흐름

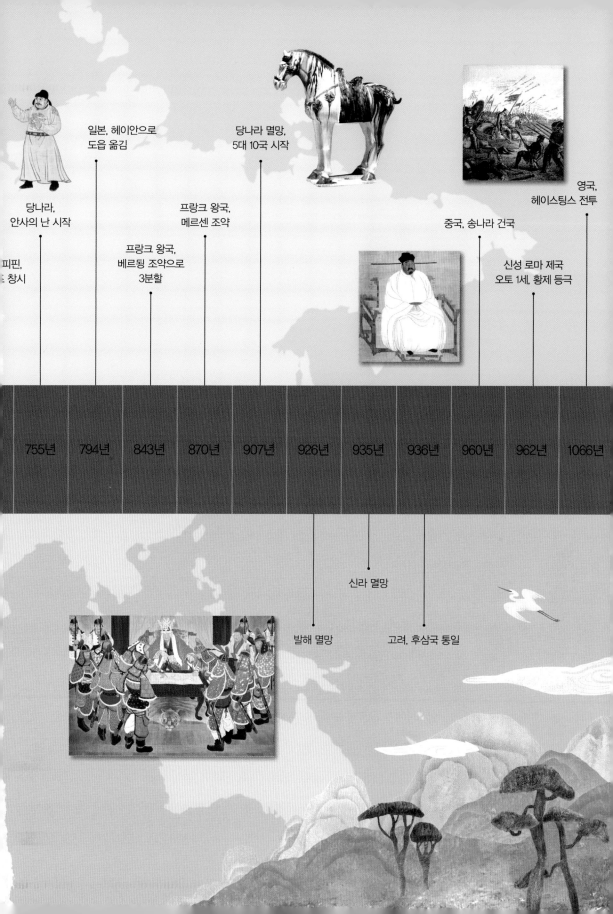

일본, 헤이안으로
도읍 옮김

당나라 멸망,
5대 10국 시작

영국,
헤이스팅스 전투

당나라,
안사의 난 시작

프랑크 왕국,
메르센 조약

중국, 송나라 건국

피핀,
창시

프랑크 왕국,
베르됭 조약으로
3분할

신성 로마 제국
오토 1세, 황제 등극

755년	794년	843년	870년	907년	926년	935년	936년	960년	962년	1066년

신라 멸망

발해 멸망

고려, 후삼국 통일